Five questions to the
WTO in the Donald Trump Era

트럼프 시대, WTO에 던지는 5가지 질문

다자무역체제에서 바라본
미중무역분쟁의 본질

박정욱 지음

박영사

추천사

WTO 출범 후 20년이 더 지났다. ITO의 실패를 거울삼아 국제기구로 출발했지만 도하 개발어젠다(DDA)에 합의하지 못하면서 새로운 다자규범을 만들지 못하는 반쪽짜리 국제기구가 되어 아쉬움을 남겼다. 그런데, 이마저 다시 큰 도전에 직면하고 있다. 미국과 중국, 즉 G2가 가지는 비중과 이해관계의 대립으로 양자주의(bilateralism) 또는 상호주의(reciprocity)가 빠른 속도로 확산되고 있는 것이다. 두 나라 간의 무역분쟁은 이제 시작에 불과하다고 봐야 할 것이다. 트럼프 정권만의 문제가 아니고, 중국이 완전한 시장경제국으로 전환하지 않는 한, 미국의 무역적자가 계속되는 한, 앞으로 오래 지속될 것으로 보인다.

GATT체제에서나 WTO체제에서는 회원국 만장일치제가 적용된다. 그러나 GATT체제의 실질적 의사결정기구는 비공식 조직인 4개국 협의체(QUAD, 미국, 일본, EU, 캐나다)였다. 때로는 미국과 EU가 일본과 캐나다를 제치고 주요 결정을 해버리는 경우도 있었다. IMF에서는 지분만큼 의결권을 행사하게 되어 있어 좀 더 공정해 보이지만, 결국 미국 등 몇 개의 핵심 국가에 의해 결정이 이루어지는 경우가 다반사다.

그런데도 불구하고 다자간 기구는 중요한 의미를 가진다. 특히, 영향력이 적은 소국들에 있어 그러하다. 이들에게는 다자체제가 불완전하더라도 최소한 '비빌 언덕'은 될 수 있는 것이다.

또 대국 소국을 막론하고 합의한 규범에 따라야 한다는 회원들의 평판압력(peer pressure)은 받게 된다. 합의를 위반하는 '깡패국가'라는 비난을 자주 듣게 되면 아무리 얼굴 두꺼운 대국이라도 부끄러움을 느끼게 되고, 위반을 하다가도 주춤하게 되는 것이다.

우리나라처럼 다자주의의 틀이 절실한 나라도 없다. 전형적인 소규모 개방국가(small open economy)이다. 무역비중이 압도적이다. 개방 폭이 클수록 유리하다. 그런데 일각에서는, 무역마찰로 외부적 충격이 클 수 있으니 내수를 해야 한다는 주장을 한다. 인구 5천만의 국가에서 내수 위주의 성장은 기약하기 어렵다. 내수에 의존하다 국내적 충격이 있으면 결정타를 맞게 된다. 내수 성장도 해야 하지만, 넓은 국제시장에서 활동하면 일부 지역에서 충격을 받아도 다른 지역에서 만회가 가능하다. 문제는 아직도 국제시장에서 제대로 실력을 발휘하는 기업이 적다는 점이다. 과도한 국제화가 아니라, 과소한 국제화가 흠이다. 다국적다문화 환경에서 소비재뿐만 아니라 자본재 B2B 사업에서도 세계적 능력을 발휘하는 기업이 많이 나와야 하는데 우리는 아직멀었고 더 노력해야 한다.

사실 우리나라는 다자체제의 최고 수혜자의 하나다. 다자기구가 모든 문제를 해결해 준 것은 아니지만 상대국의 위반행위를 국제사회에 알리는 기회로 활용하여 양자 간 협의에서 실리를 찾은 사례가 많다. 우리 정부는 1983년 GATT의 섬유감독기구(Textile Surveillance Body)에 미국의 섬유류 가방 수입규제의 부당성을 제기하여 승소한 이래, 최근의 일본 후쿠시마 수산물 수입금지 조치 승소에 이르기까지 분쟁해결기구를 잘 이용해 온 편이다. 물론 긴급수입규제 반덤핑 상계관세 등 수입국의 무역조치로 수출기업은 잘 잘못에 관계없이 피해를 입게 되고, 추후 무혐의로 판정하더라도 피해를 회복하지 못한 사례도 많다. GATT 분쟁해결기구는 미국, EU, 일본의 하이닉스 반도체 상계관세 부과가 부당하다고 판정했지만 이미 부과기간이 종료되어 실익은 없었다. 그러나 그 이후 한국상품에 대한 제소의 남용을 억제하는 데는 조금이나마 기여한 것으로 봐야 할 것이다.

산업통상자원부 공무원인 저자가 제네바 대표부에서 WTO 업무를 하면서 국제무역제도의 변천에 큰 관심을 가지고 그 역사를 꼼꼼히 되짚어 본 노력이 돋보인다. 과거 통상교섭 업무에 종사했던 한 사람으로 깊이 감사한다. 이 저술에서는 브레튼 우즈(Bretton Woods)에서부터 오늘까지 70여 년간 전개된 국제무역질서의 흐름을 ITO, GATT, WTO 등 다자체제를 중심으로 살펴보면서 동시에 지역주의와도 비교 연계하여 분석하였다. 앞으로 어떤 형태의 새 질서가 나타날 것인지 짐작하는데도 도움이 될 것으로 보인다. 벌써부터, 미국이 최대 산유국이 된 것이 향후 미국의 중동전략에 어떤 영향을 줄지에 대한 논의가 많다. 제2차 세계대전이 각국의 보호주의와 폐쇄적 정책의 결과로 일어났고, 그 결과로 전후에는 새로운 '협력'체제가 탄생하였었는데, 지금의 미국 우선주의(America First)는 또 어떤 부정적 비협력적 국제질서를 낳게 될지 걱정되는 시점이다.

자유무역을 구가하던 때가 없지는 않았지만, 어느 시대를 막론하고 국경은 국경, 여전히 높은 장벽이었다. 결국, 우리의 실력, 국제경쟁력으로 풀어야 할 과제지만, 세계질서의 향방에 대해서는 제대로 이해하고 가야 할 것이다. 무역·통상을 공부하는 학생, 연구하는 학자, 무역·통상 분야의 공무원이나 기업 관계자, 그리고 국제무역체제 변화에 관심 있는 분들에게 큰 도움이 되기를 기대한다.

김종갑

(한국전력공사 사장, 전 산업자원부 제1차관,
하이닉스반도체(주) 대표이사/사장 및 지멘스(주) 대표이사/회장)

차 례

프롤로그

　필자가 1997년 제네바 대표부에 첫 부임했을 때 WTO는 매우 의욕적이고 희망에 찬 국제기구로 기억된다. 최초의 다자무역기구로서 1995년 출범 이후 3년차에 접어든 시점이었기에 각국 대표단과 WTO 사무국 직원들로부터 자부심도 엿볼 수 있었다. 우루과이라운드에서 합의한 새로운 협정문에 근거해 운영되던 각 위원회는 공식/비공식 회의를 하면서 협정문에 담긴 국제규범을 어떻게 충실하게 이행할 것인가 열중하고 있었다. 새로이 도입된 TPR(Trade Policy Review, 무역정책검토)은 회원국의 무역정책 전반을 점검하는 시스템으로, 자국의 제도를 투명하게 소개하고 회원국들로부터 관련 질문과 심사를 받는다는 점에서 검토대상국에게는 긴장감을 불러일으켰다. GATT에 비해 구속력을 지닌 분쟁해결절차가 도입되어 이에 임하는 각국의 태도는 신중하고 조심스러웠다. 그리고 회의장 내 분위기는 전반적으로 우호적이었다. 100여 개 국가의 대표들이 회의장에 모여 다양한 의견을 개진하면서도 합의를 모색하는 데 유연한 입장을 보였다. 미국, EU, 일본, 캐나다(일명 쿼드 QUAD) 중심으로 이견조정이 이루어졌고, 공식회의에서 합의가 이루어지지 못하면 이들 쿼드국가

중심의 비공식 회의에서 대략적인 방향이 만들어졌던 것으로 기억한다.

이로부터 18년이 지난 2015년에 필자는 다시 WTO 대표부 근무를 하게 되었다. 이제는 WTO가 출범한 지도 20년이 되었다. 3살 어린 아이를 본 이후 한참 시간이 지나 20세의 성인을 기대하면서 다시 만난 느낌이랄까⋯ 15년 만에 다시 돌아온 유럽의 도시 제네바는 그리 변한 것이 없어 보였다. WTO 내에서는 지상주차장이 지하주차장으로 바뀌면서 그 공간에 사무국 직원 건물이 들어서고 휴식공간이 넓어진 정도⋯ 그 밖에는 1999년 임기를 마치고 떠났던 당시의 모습과 비교해 달라진 것이 거의 없었다. 그러나 WTO 회의에 참석하면서 필자는 15년 시간의 깊이를 비로소 느낄 수 있었다. 우선 한국의 위상이 과거에 비해 상당히 높아졌다는 것이다. 그리고 모든 회의에서 주요 발언자로 등장하는 중국. 특히, 중국의 발언이 가지는 무게감은 미국과 EU에 못지 않았다. 반면 과거 쿼드 멤버였던 일본과 캐나다의 존재감은 1990년대와 비교해 많이 줄어들어 보였다. WTO DDA 협상이 부진해서 인지 전반적인 WTO 내 분위기는 침체되어 있었고, WTO 사무국 직원들에게서 느꼈던 자부심과 의욕도 거의 찾아보기 힘들었다.

이러한 와중에 필자는 ITA II(Information Technology expansion Agreement, 정보기술확대협정[1])협상의 마지막 단계인 이행기간(Staging) 협상에 참여하면서 이러한 변화의 일단을 직접 경험할 수 있었

---

1) 정보통신분야 상품의 관세를 철폐하기 위한 1990년대 중반 협상 이후 새로운 품목을 추가하기 위한 협상이었다.

다. 2015년 상반기까지 대상품목에 합의하였고 남은 6개월 동안
은 각 품목의 관세인하 기간협상을 하기로 되어 있었다. 협정이
발효되는 즉시 모든 대상품목의 관세를 철폐하는 것을 원칙으로
하지만, 각국이 처한 특수한 상황을 감안하여 일부 품목은 협정
발효 후 3, 5, 7년까지 단계적으로 관세를 철폐할 수 있도록 하였
기 때문이다. 즉시 또는 3년 내 관세철폐를 하지 않는 품목을 결
정하는 협상이었다. 참가국 중 관심국가는 단연 중국이었다. 미
국, EU를 비롯해 모든 나라가 중국의 관세철폐 기간을 최대한
앞당기려는 분위기였다. 그러나 중국은 자국 산업의 발전 정도를
이유로 상당품목을 5년 이후 철폐 품목으로 제안하였다. 12월 최
종 타결까지 미국이 중심이 되어 중국의 관세철폐 일정을 앞당
기기 위한 전략적 노력이 계속되었다. 미국은 중국을 압박하기
위해서 일부 자국 품목의 일정을 앞당기고 다른 나라도 이에 동
참하도록 압력을 행사했다. 그러나 중국에게는 전혀 먹히지 않았
다. 2015년 12월 나이로비 각료회의 최종 결과는 중국이 당초 제
시한 일정에 하나의 변화도 이끌어 내지 못했다.

　　그리고 2016년 이와 유사한 EGA(Environment Goods Agreement,
환경상품협정)협상을 경험하면서 다시 한 번 중국을 재확인할 수
있었다. EGA협상은 다자협상이 부진한 가운데 오바마 행정부가
임기 내 성과를 거두려고 TISA(Trade in Service Agreement, 서비스무
역협정)[2] 협상과 함께 미국이 의욕적으로 추진한 핵심정책이었
다. 정보통신분야와 같이 무역증가가 예상되는 환경분야 상품의

---

2) ITA, EGA협상은 그 결과가 모든 WTO 회원국에 적용되는 반면 TISA협상 결
　과는 참여국들에게만 적용되는 복수국간 협정이다.

관세를 철폐하는 협상이었다. ITA협상과 같이 최대의 관심은 역시 중국이었다. 다른 협상참여국에 비해 상대적으로 내수 시장규모는 크지만 산업발전이 미흡한 중국은 미국, EU 등 선진국의 시장개방 압력에 맞서는 형국이었다. 미국은 높은 수준의 관세철폐 안을 제시하며 12월 말 장관급 회의에서 협상을 마무리하려고 했다. 미국(안)으로 합의가능성이 크지 않자 EU가 중재안을 제시하며 합의를 시도하였다. 이 역시 여의치 않자 중국도 마지막 순간에 자국이 마련한 중재안을 던진다. 중국(안)은 미국(안)에 비해 관세철폐 수준이 낮지만 미, EU, 일본 등을 제외한 나머지 국가들의 민감품목에 관한 입장을 더 많이 반영한 것이었다. 결국 어떠한 안에도 합의하지 못하고 회의는 끝났다. 미국의 중재안에 자국의 민감품목이 많이 포함되어 내심 불만이 있었던 나머지 국가들에게 관세철폐 수준을 낮춘 중국(안)이 그리 나쁘지 않게 받아들여졌던 것으로 기억한다.

이 두 가지 사례에서 이제 중국의 동의 없이는 아무것도 합의할 수 없는 WTO를 경험했다. 과거라면 미국이 나서서 주요국과 비공식 협의를 통해 어떻게든 합의를 이끌어 냈을 것인데 현실은 그렇지 못했다.

그리고 10차(2015년)와 11차(2017년) 두 번의 WTO 각료회의를 경험하면서 DDA 이슈와 뉴 이슈에 대한 선진국과 개도국간의 분열을 확인했다. 우루과이라운드를 통해 WTO 다자체제를 출범시켰던 통합의 모습은 어디에도 없었고 양측의 끝없는 평행선 주장만이 계속되었다. 상대적으로 위상이 높아진 개도국들은 자신들의 입장을 주장하는데 주저함이 없었고, 미국을 위시한 선진국들은 이러한 개도국들의 입장을 수용할 여유와 전략이 없어 보였다. 마침내 2016년 말 미국 대선에서 자유무역보다는 공정무역을 주장하는 트럼프가 대통령으로 당선되었다. 그는 WTO에 대한 불만을 노골적으로 표시하면서 탈퇴까지 언급했다. 마침내 11차 각료회의 선언문 협의 과정에서 미국이 다자체제라는 용어를 사용하는 것 마저 반대하여 각료선언문조차도 발표하지 못했다.

필자는 운이 좋게도 WTO 출범초기와 20년 후 변화한 WTO 상황을 현장에서 지켜보았다. 그러면서 "WTO가 왜 이렇게 변해버렸는가?"하는 의문을 품게 되었다. 그러나 이러한 질문은 곧 바뀌었다. 1995년 WTO의 출범 자체가 일반적이지 않은 상황에서 이루어졌을 수도 있다는 생각이 들었다. 그래서 WTO가 출범하기 50년 전 처음으로 시도되었다가 실패했던 ITO(International Trade Organization, 국제무역기구)에 대해 궁금해졌고, WTO는 어떻게 ITO의 실패를 딛고 일어섰는지도… 그리고 어떻게 DDA는 시작되었고 왜 실패의 과정을 겪고 있는지 관심이 갈 수밖에 없었다. 이렇게 꼬리를 이어가는 질문에 답을 얻기 위해서 자료를 찾아가면서 왜 미국이 TPP를 주도하게 되었으며, 마침내 공정무역을 주장하는 트럼프가 대통령으로 당선이 되고, 언론에서 미·중간 무역전쟁이라는 용어까지 등장하는 상황이 벌어지게 되었는지 조금이나마 실마리가 풀려가기 시작했다.

이 책은 학술논문도 아니고 소설도 아니다. 필자가 공무원으로서 WTO 현장에서 느낀 궁금증을 풀기 위해 스스로에게 던진 5가지 질문에 대한 나름의 해답을 얻고자 관련 자료에 근거하고 일부 필자의 생각을 정리한 글이다. 전체 시각에서 볼 때 균형을 잃은 부분도 있을 수 있다. 모든 부족한 점은 필자의 몫이다. 다만, 통상에 관심이 있는 일반인들과 통상분야 공부를 시작하려는 학생들에게 세계 통상질서가 어떻게 흘러왔고 오늘에 이르렀는지를 이해하는 데 조금이라도 도움이 될 수 있다면 감사할 따름이다.

바쁜 일정에도 출판을 위해 교정과 디자인을 포함해 소중한 조언을 아끼지 않으신 박영사 노현 이사님과 박세기 부장님, 그리고 전채린 과장님의 도움이 없었다면 이 책은 나오지 못했을 것이다.

마지막으로 제네바 대표부에 근무할 수 있는 기회를 준 대한민국 정부, 특히 산업통상자원부에 감사드리며, 필자와 함께 근무하면서 여러모로 도움을 준 많은 선배, 동료, 후배 공무원들에게 이 자리를 빌려 고마움을 전한다. 그리고 평생 자식 잘 되기만을 바라며 살아오신 부모님, 삶의 동반자로서 항상 곁에서 나를 믿어주고 내 편에 서서 이해해준 아내 소희, 건강하게 자신의 길을 걷고 있는 듬직한 아들 찬에게도 사랑의 마음을 전하고 싶다.

제네바에서
박정욱

WTO 부정하는 트럼프의 출현
우연인가? 필연인가?

2016년 11월 제45대 미국 대통령을 선출하는 투표가 실시되었다. 민주당 힐러리 클린턴과 공화당 도널드 트럼프의 대결이었다. 공화당 내 경선과정에서 예상을 뒤엎고 전통적인 정치기반이 없는 트럼프가 승리하면서 선거결과에 전 세계의 이목이 집중되었다. 특히 선거운동 과정에 트럼프 공화당 후보가 보인 상식을 깨는 발언과 행보는 많은 사람들을 놀라게 하기에 충분했다. "무슬림 입국을 전면 통제하겠다." "멕시코 이민자들이 못 넘어오게 국경을 봉쇄하겠다."는 종교적이고 정치적인 발언뿐만 아니라, 경제적 측면에서 "중국이 미국경제를 성폭행하고 있다." "NAFTA 및 한미 FTA의 재협상과 폐기도 고려하겠다"고 하였다.

트럼프가 선거 전 여론조사에서 앞서던 힐러리를 추격하는 형상이었지만 미 주류 사회는 힐러리가 우세할 것이라고 예상했다. 그러나 선거함 뚜껑을 열어본 결과 당선자는 트럼프였다. 러스트 벨트를 중심으로 중국, 인도, 한국 등의 노동자에게 자신들의 일자리를 빼앗겼다고 분노한 중·하위층 백인 노동자들의 결집에 고소득층 백인까지 가세한 결과로 분석되었다.

트럼프 행정부는 출범하면서 제 일성으로 "America First"를

❘ 트럼프 VS 힐러리

외치며 "상호주의"에 입각한 "공정무역"을 주장하였다. 미국이 GATT 이래 강조해 온 "자유무역"이 아니었다. 대선과정에 이어 2017년 3월 첫 의회연설에서도 그는 공정무역을 강조했다. 그리고 호혜세, 국경세 등을 언급하며 그간 미국이 체결한 무역협정과 WTO 체제하에서 이루어진 무역이 공정하지 못해 수입이 증가하였고 미국 내 일자리도 빼앗기고 수출도 피해를 보았다는 것이다.

그리고 다자통상체제의 상징인 "WTO"에 대해서는 "재앙(Catastrophe)"이라고 하면서 기존의 국제통상질서의 재편을 예고했다. 그리고 WTO를 탈퇴하겠다는 언급까지 했다. 이러한 WTO에 대한 트럼프 대통령의 부정적 평가의 이유를 다음 세 가지로 보기도 한다.[1] 첫째, 미국의 무역적자 중 WTO 164개 회원국과의 무역적자가 77%를 차지한다. 둘째, WTO하에 미국의 양허관

---

1) The Economist(2017.5.13.) What Donald Trump means by fair trade

세율[2])은 2015년 기준으로 평균 3.5%로서 일본 4.0%, EU 5.1%, 중국 9.9%보다 낮다. 이는 트럼프가 생각하는 상호주의에 부합하지 않는다는 것이다. 셋째, WTO 규범이 다른 나라와의 공정한 (유리한) 통상협상을 방해한다는 점이다.

세 번째 주장과 관련하여, WTO는 국가간 차별을 하지 않은 최혜국 대우(MFN: Most Favored Nation)를 기본원칙[3])으로 하고 있다. "동종 상품에 대해서는 국적에 관계없이 동일한 대우"를 해야 한다는 것이다. 이러한 MFN 원칙은 1934년 프랭클린 루즈벨트 대통령에 의해서 처음으로 미국의 무역정책에 도입되었고, 이러한 원칙 덕분에 다자간 협상이 보다 쉽게 이루어질 수 있었다. 즉 한 나라가 특정국으로부터 수입되는 상품에 관세를 인하하면, 다른 모든 국가들로부터 수입되는 동종 상품에도 인하된 동일한 관세를 적용해야 하기 때문에 다자간 협상에 참여하는 모든 나라가 자국을 제외한 다른 국가에게 더 낮은 관세가 적용될 우려를 할 필요가 없어지게 되는 것이다. 당시 영연방 국가들에만 낮은 관세율을 적용했던 "오타와 협정"[4])과 같은 특혜협정의 재발도 막을 수 있다는 점에서 도움이 되었다. 그러나 이제 와서는 이러한 MFN 원칙이 미국의 국익에 해가 된다는 것인데, WTO

---

2) 영어로는 Bound Rate. GATT 및 WTO 다자간 무역협상에서 각 국가가 일정 수준 이상으로 관세를 올리지 않겠다고 약속한 관세율(예, 미국의 자동차 양허관세율이 2.5%라고 하면, 미국 정부는 자동차 관세를 2.5% 이상으로 올려서는 안 된다는 의미이다)이다. 다만 실제로 부과하는 관세율은 "실행관세율"이라고 하며, 양허 관세율 이하의 범위에서 자유롭게 결정할 수 있다.

3) GATT 1994 제1조 제1항에서 MFN을 기본원칙으로 규정하고 있다.

4) 1932년 영국과 자치령 7개국 및 인도가 참여하여 체결한 "영제국 특혜관세제도(英帝國特惠關稅制度:Imperial Preferential System)"

설립 이후 가입한 "후발 참여국에게 혜택"으로 작용했다고 주장하는 것이다. 예를 들면 2001년 중국이 WTO에 가입하면서 수십년 동안 협상을 통해 인하해 온 미국과 EU 등 많은 국가들의 낮은 관세수준을 MFN 원칙에 따라 누린다는 것이다. 물론 WTO 가입협상을 하면서 중국도 관세를 인하하지만 그것이 미국을 비롯한 기존의 회원국들의 입장에서 중국의 관세인하 수준이 만족스럽지 않더라도 MFN 원칙 때문에 중국에만 높은 관세를 부과할 수 없다. 트럼프 행정부의 첫 상무장관인 윌버 로스(Wilbur Ross)는 높은 관세를 부과하는 국가에 대해서 균형된 협상을 하기 위해서는 미국의 관세를 높일 수 있어야 하는 등 상호주의에 따른 공정무역이 필요하다고 주장하고 있다.

그러면, 과거에 트럼프와 같이 자유무역보다 상호주의에 기반한 공정무역을 강조한 사례는 없었으며, 현 시점에서 이러한 주장을 하는 트럼프의 등장과 대선에서 승리한 것은 우연인 것일까?

1. 초강대국의 쇠퇴와 상호주의 공정무역

흔히들 19세기가 영국의 세기였다고 하는데, 영국의 점진적인 정치·경제적 쇠락과 함께 19세기가 끝났다고 볼 수 있다. 이런 맥락에서 20세기는 Walter Lippmann[5]이 말한 대로 미국의 세기로 특징지을 수 있을 것이다. 그리고 1980년대 Staffan Burenstam Linder는 19세기 영국과 비슷하게 미국의 쇠락으로 20세기가 끝나고 태평양 시대가 도래할 것으로 전망했었다.[6] 이러한 전망이 실현되었는지는 현 시점에서 판단하기는 어렵다.

다만, 19세기 말 영국과 20세기 말인 1980년대 미국, 두 나라의 상황에서 유사점을 발견할 수 있다. 두 나라 모두 "쇠퇴하는 초강대국"의 모습을 보였고 이에 대응하는 과정에서 통상부문에서도 비슷한 움직임이 발견된다. 전 세계적 헤게모니를 상실하여 해외로부터는 치열한 경쟁에 직면하고 국내적으로도 경제적 어려움을 겪으면서 헤게모니 시대의 특징인 자유무역 약속 대신에 "상호주의" 또는 "공정무역"을 요구했다.

(1) 세계 경제에서 차지하는 위상의 하락

영국과 미국 두 나라는 모두 전쟁 이후 전 세계의 정치 경제적 지배력을 가진 나라로 부상했다. 산업혁명과 함께 나폴레옹 전쟁 이후 영국은 그 어느 나라로부터도 도전을 받지 않은 세계

---

5) 최초로 냉전(cold war)의 개념을 도입한 미국의 저명한 작가이자, 기자, 정치 평론가

6) The Pacific Century(Stanford University Press, 1986)

┃ 전세계 산업생산비중(%)

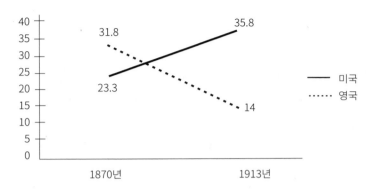

출처: The Victorian Economy, London: Methuen, 1982

┃ 전세계 GDP비중(%)

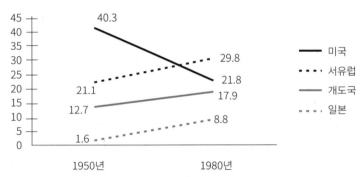

출처: Handbook of International Trade and Development Statistics 1984,
　　　UNCTAD Secretariat

적 지도국가로 등장했다. 한편, 미국은 제2차 세계대전 이후 세
계 강국으로 등장했다.

　그러나 영국과 미국의 이러한 지위는 다른 나라들이 산업화

되고 경제적 잠재력을 회복함에 따라 불가피하게 상대적으로 쇠
퇴하게 되었고, 세계 경제에서 차지하는 비중도 작아졌다.

1870~1913년 동안 영국이 전 세계에서 차지하는 산업생산
비중이 31.8%에서 14%로 하락한다. 동시에 독일의 비중은 부분
적으로 증가하고 미국은 23.3%에서 35.8%로 확대된다. 비슷하게
80년대 미국도 세계 경제에서 차지하는 비중이 줄어드는데 1950
년에 세계 GDP의 40.3%를 차지했었으나 1980년에는 21.8%로
감소하였다. 반면, 서부 유럽의 비중은 21.1%에서 29.8%, 일본은
1.6%에서 8.8%로 각각 증가한다. 개도국들의 비중도 12.7%에서
17.9%로 증가했다.

두 나라의 무역비중도 감소한다. 1880~1913년 동안 영국이
전 세계에서 차지하는 제조업 수출비중은 41.4%에서 29.9%로 떨
어지고, 미국의 비중은 2.8%에서 12.6%로 독일은 19.3%에서
26.5%로 높아진다. 한편, 1950년 미국의 전 세계에서 차지하는
수출비중은 16.7%였는데 1980년에는 11.0%가 된다. 반면 서유럽
은 33.4%에서 40.2% 일본은 1.4%에서 6.5%로 증가한다.

동시에 영국과 미국의 수입구조도 변한다. 영국은 최초의 산
업화 국가로서 수출시장에서 거의 독점적 지위를 누렸고 국내
시장에서도 경쟁상대가 없었다. 1860년 영국의 수입 중 공산품
비중은 6%에 불과했다. 그러나 다른 나라의 산업화가 진행되면
서 국내시장에서 외국 제품에 의한 경쟁압력을 받게 된다. 1880
년 공산품 수입은 전체의 17%, 1900년대는 그 비중이 25%로 증
가한다. 이러한 급격한 변화는 영국 산업계와 정치계에 자유무역
정책에 대한 우려를 주기에 충분했다. 1980년대 미국에서도 수입

▌ 전세계 제조업수출비중(%)

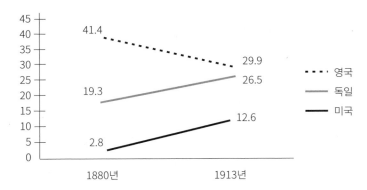

출처: S.B.Saul, "The Export Economy : 1870－1914" Yorkshire Bulletin of
Economic and Social Research, Leeds, May 1965

▌ 전세계 수출비중(%)

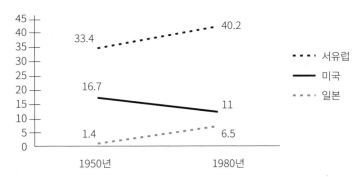

출처: Handbook of International Trade and Development Statistics 1984,
UNCTAD Secretariat

에서 차지하는 공산품의 비중은 1981~1985년 동안 54.6%에서
71.5%로 증가했다.
　특히, 무역수지 적자는 얼핏 보아 시장접근 불균형의 결과로

생각되어 공정무역과 상호주의가 필요하다는 주장에 쉽게 이용될 수 있다. 정치인들이 이러한 유혹에 더욱 쉽게 빠지는 경향이 있는데, 19세기 후반 영국의 무역적자는 1880년대 평균 97백만 파운드에서 1890년대 평균 133백만 파운드, 1903년에는 181.3 백만 파운드로 정점에 이르렀다. 미국에서도 제2차 세계대전 이후 초기에는 무역흑자를 기록하였으나 1976년 이래로 무역수지가 적자로 돌아섰고 1981년 280억 달러에서 1986년 1,480억 달러로 증가했다.

(2) 국내적으로도 경제적 어려움에 직면

한편, 이러한 대외적인 변화에 추가하여 영국과 미국은 국내적으로도 무역정책에 대한 압박이 커진다. 경제성장이 둔화되고 실업률이 높아지는 거시경제적 어려움에 직면하면서 보호주의 정서가 점차 확대된다. 영국에서는 산업생산과 국민소득이 모두 둔화되었다. 영국의 산업생산 증가율이 1855~1872년 연평균 3.2%였는데 1872~1900년에는 연평균 2.2%로 하락했다. 실업률도 1882년 2.3%에서 1886년 10.2%가 되었다. 특히, 엔지니어링, 금속, 조선 분야는 외국으로부터의 경쟁 때문에 1882년 2.3%에서 1884~1887년 연평균 11.9%로 높아졌다.

20세기 미국도 실질 GNP 성장률이 1950~1960년대에는 연평균 4%였으나 1970년대는 2.8%, 1980~1985년에는 1.9%가 되었고, 실업률은 1950~1960년대 4.5%였으나 1970년대 6.1%, 1980~1985년은 8%로 높아졌다.

2. 영국에서 상호주의 대두와 소멸

영국은 1860년 곡물법을 폐지하면서 본격적인 자유무역시대를 열었다. 그러나 당시 자유주의는 일방적 자유주의였다. 상대국의 관세인하를 전제로 하지 않고 영국의 일방적인 관세인하를 통해 자유무역을 추구했다. 영국이 자국의 산업 경쟁력을 토대로 세계시장을 차지하고 있던 때였고 이러한 자유무역은 경제학 이론이 말해주듯 상대국에게도 도움이 될 것이므로 모든 나라가 그러한 방향으로 갈 것이라고 믿었던 것이다. 그러나 이러한 생각은 영국의 국제적 위상이 낮아지고 국내에서의 어려움이 더해지면서 반대 목소리에 직면하기 시작했다. 변화하는 세계경제 환경 속에서 영국이 피해를 받고 있다고 느끼는 정치인과 산업계를 중심으로 자유무역이 아닌 상호주의에 기반한 공정무역을 슬로건으로 내세운 것이다.

1870~1880년대 국가공정무역연맹(National Fair Trade League), 국내산업 방어를 위한 전국단체(National Society for the Defense of British Industry), 상호주의 자유무역협회(Reciprocity Free Trade Association)가 무역정책 변화를 위한 캠페인을 시작했다. 공정 무역을 주장하는 기업과 정치인들은 보복위협, 관세조정, 상계관세 조치 등을 활용하여 국내 산업을 보호하고 해외시장을 여는 것이 일방적 자유무역정책보다 우월하고 유연한 접근이라고 주장했다.

이들은 단순한 동등을 주장했다. 영국만 관세를 낮추고 경쟁국들이 관세를 유지한다면 불공정하고 자국에 불리하다는 것이다. 이러한 관점은 보호주의로 경제의 효율이 저하되면 결국은 경제에 부정적 결과를 초래한다는 점을 받아들이지 않고 오히려 보호주의가 국내 경제에 도움이 된다고 믿는 중상주의적 시각을 가진 사람들에게 만연해 있었다.

비대칭적 규범에 따른 불균형에 대한 불만은 당시 공정무역을 주장했던 대표적 보수당 정치가 중 한 명이었던 Joseph Chamberlain의 표현에 잘 담겨있다. "우리가 무역을 할 때마다 엄청난 관세에 직면하게 되고, 해외시장을 잃을 것이다. 우리는 시장에서 내몰릴 것이고 그 피해는 우리의 몫이 될 것이다." The Foreign Times는 영국의 일방적인 자유무역을 비난하면서, 독일의 1879년 비스마르크 관세와 1890년 미국의 McKinley 관세에 불만을 표시했는데, 이러한 움직임은 1980년대 미국이 유럽의 보호주의와 일본의 비공식적인 보호조치에 불만을 표명한 것과 유사하다고 볼 수 있다.

이들은 영국이 관세를 이용한 보복 전략으로 상대국의 관세를 낮추어 해외시장개방을 이끌어 내고자 했다. 관세정책을 해외시장 개척 수단으로 활용하자는 대표적 인물이었던 Lord Randolph Churchill은 해외시장을 굴까는 것에 비유하면서 "깃털로 간지를 것이 아니라 강력한 칼을 사용하자"고 하였다.

그러나 영국에서 일방적 자유무역주의를 지지했던 경제학자와 정치인들은 이러한 주장에 대해 반대하였다. 상호주의와 공정무역은 과거 보호주의를 가장한 완곡한 표현이라고 믿었다. 공정무역연맹이 형성된 이후 William Gladstone 수상은 "이것이 과거 보호주의를 닮은 것이라는 점에 의심의 여지가 없다. 보호주의는 죽었고 30년 전에 이미 매장되었다. 그러나 지금 무덤에서 나와 백주 대낮을 걸어 다니고 있다. 오랫동안 지하에 있었기에 과거보다 더 매력적으로 보이려고 한다. 그 결과 새로운 이름을 갖고자 한다"라고 말했다.

정치적인 구호 말고도 자유무역정책의 신봉자들은 상호주의가 해외시장을 여는 데 불필요하다고 생각했다. 보호주의자들 스스로 어리석음을 깨닫고 결국에는 자유주의를 받아들이게 될 것이라고 생각했기 때문이다. 그리고 이들은 해외의 자유무역지지자들에게 지원을 호소하지는 않았다. 왜냐하면 그러한 호소가 보호주의 세력에 의해서 잘못 이용되어, 영국의 손에 그들이 놀아나는 것이라고 왜곡될 수 있다고 판단했기 때문이었다. 설득을 하면 할수록 해외의 보호주의자들은 "봐라 영국인들이 무엇을 원하고 있는지? 그들은 영국 편향주의자이므로 그들을 따르는 것은 영국의 발아래 우리의 산업을 팔아먹는 것이다"라고 하면서 영국의 동기에 의심을 가지게 된다고 생각했다. 따라서 다른 나라가 자유무역을 하는지에 완전히 무관심해야 하며, 그들이 원하는 것을 선택하도록 내버려 두어야 한다는 것이었다.

이러한 주장의 이면에는, 상호주의가 다른 나라의 관세를 인하시키는 데 효과적인 수단이 아니라고 본 측면도 있는데, 실제로 영국은 이를 관철할 만한 경제적 힘을 가지고 있지 못했다. 즉 적대적인 관세로 보복을 할 수 있는 강력한 위치에 있지 않다는 뜻이다. 영국이 수입하는 공산품은 45백만 파운드이고 수출하는 공산품은 200백만 파운드였다. 즉 영국이 다른 나라의 산업적 이해관계에 타격을 줄 수 있는 규모는 45백만 파운드에 불과하지만 외국이 영국에게 영향력을 줄 수 있는 규모는 4배 이상인 200백만 파운드 규모인 상황이었다.

그리고 경제학자 Alfred Marshall[7]은 새로운 경쟁국들이 유치산업 보호정책에 따라 관세정책을 정당화하고 있기 때문에, 성숙된 산업을 가지고 있지 못한 국가에게 상호주의에 근거해 영국처럼 자유무역 정책을 채택하라고 하는 것은 어리석은 것이라고 보았다.

일부 경제학자들은 상호주의를 통해 얻은 관세는 결국 보호주의자와 정치인들의 목적에 이용당할 것이라고 생각했다. 그래서 미국의 보호주의에서 보았듯이 관세에 대한 합리적 개입이라도 그 결과는 우려할 만한 상황이 될 수 있고, 보호주의는 정책을 부패하게 만드는 경향이 있다고 보았다. 보호주의는 정책의 순수성을 상실케 하고 부정축제와 부패의 힘을 휘두르는 자들에게 부정한 이득을 주고 불공정한 부의 분배, 정당하지 못한 이익을 발생시킨다고 경고했다. 보이지 않는 시장의 한계를 극복하려던 보이는 손(정부)이 오히려 더 문제를 유발한다는 것이다.

이러한 공정무역 움직임은 보수당의 지지에서 비롯되었는데 1881년 The Economist는 "공정무역에 반대하는 선언이 나오지 않으면 상호주의가 보수주의의 새로운 정책으로 채택될 수 있다"고 했다. 그러나 실제 보수주의 지도층은 상호주의에 기반한

---

7) 영국의 저명한 경제학자(1842-1924)이며 경제학 원론(Principles of Economics, 1890)의 저자로 수요공급, 한계효용, 생산비용 등의 개념을 경제학에 도입하였다. 신고전파 경제학의 창시자주의 한명으로 알려져 있다. 그는 경제학에 수학적인 개념을 많이 도입했지만 수학이 경제학을 압도해서 경제학에 대한 일반인들의 관심이 멀어지게 해서는 안 된다고 했다.

공정무역에 매우 신중했다. 일례로 식품에 대한 관세인상은 다수의 저소득층 투표권자들에게 영향을 미치게 되어 정치적 측면에서의 부담이 만만치 않았기 때문이다.

한편, 공정무역자들은 자신들의 주장이 노동자, 소비자와 기타 집단으로부터 지지를 받지 못하고 흔들리게 되자, 식민지와 긴밀한 경제적 협력을 선호하는 제국주의자들과 동맹을 모색했다. 그러나 역사가 Benjamin Brown에 따르면 "제국주의자들은 이에 긍정적이지 않았는데, 공정무역주의자들과의 협력이 성공할 가능성이 매우 낮아 제국이라는 훌륭한 선박에 그들은 밀항자가 될 것 같다는 인상을 갖고 있었다"고 기록하고 있다. 공정무역자들의 제국주의자들과 연대하려는 캠페인도 정치적 지지를 얻는 데 실패하였다.

결국, 19세기말 영국에서는 일방적 자유무역주의가 상호주의 또는 보호주의 정책보다 설득력이 더 있었던 것이다. 노동자들은 상호주의에 반대하며 수입을 통해 식품의 가격을 낮게 유지하기를 원했고, 자유무역 이데올로기를 강화하는 압력집단으로서의 역할도 했다. 원자재의 수입을 원하는 섬유 등 산업계도 보호주의를 반대했다. 상호주의자들은 경기변동에 따라 부침을 하며 정치적인 동력을 얻지 못하는 가운데 1906년 총선에서 자유무역주의가 완승을 하면서 공정무역은 제1차 세계대전 이후 무대 뒤로 사라졌다.

3. 1980년대 미국에서 상호주의 재등장

상호주의는 영국에서 실패했지만 1980년대 미국에서 다시 등장했다. 국회, 기업, 언론 등이 어려운 국내외 경제환경 속에서 반복적으로 "공정한 경쟁환경"과 "상호주의 시장접근"을 무역체제의 전제조건으로 강조했다.

그러나 미국에서 재등장한 상호주의는 19세기 영국과는 다른 변형된 상호주의였다. 영국의 상호주의 주장은 영국의 자유무역정책을 다른 나라도 채택하도록 하자는 수준이었다. 어느 수준의 관세가 적절한지 어떤 기준을 적용해야 하는지 등에 대해서는 언급하지 않았다.

그러나 1980년대 미국에서는 영국의 상호주의자들이 생각하지 못했던, 상호주의의 구체적 내용과 그 결과까지 담고 있었다. 1947년 미국 주도로 출범한 GATT체제는 자유무역을 표방했지만 영국의 일방적 자유무역과 달리 어느 정도 상호주의 개념을 이미 담고 있었다. GATT하에서 무역자유화협상은 관세의 절대수준보다는 변화량 또는 감축량을 상호 맞추는 것이었다(일차미분 상호주의). 이와 대조적으로 1980년대 미국의 상호주의는 기본적으로 완전한 상호주의, 즉 시장접근 및 무역에서 절대적인 수준에 더 관심을 보인 상호주의였다.

19세기말의 영국의 상호주의 그리고 GATT 시대의 상호주의와 비교한 1980년대 미국의 상호주의 특징은 다음과 같다.

첫째, 상호 시장접근은 전반적인 거시적인 수준이 아니라 미시적인 수준의 개별 분야별로도 일치해야 한다. 둘째, 시장접근의 상호주의 여부는 양자적 무역수지로 평가했다. 만일 일방이 무역흑자를 내고 있다면 상호주의적인 시장접근이 허용된 것이 아니라고 보는 것이다.

첫 번째 요소는 1980년대 당시 미국의 일본, 한국, 대만 등 극동 지역 국가들을 향한 불만이 그 중심에 있었다. 예를 들면 일본의 건설사는 미국에서 성공적으로 진출하고 있으나 미국의 건설사는 일본의 간사이공항 입찰에 성공하지 못하고 있다는 점에서 공정무역론자들은 분노했다. 1965년 이래로 미국의 건설사는 일본에서 주요한 계약을 하나도 따내지 못한 반면, 일본기업들은 1985년 한 해 동안에 18억 달러의 공사를 수주했다.

두 번째 요소는 미국으로부터 무역흑자를 내고 있는 국가들에게 미국은 보호주의 조치를 해야 한다는 요구에 따른 것이다. 중상주의자들이 무역수지에 중점을 둔 것과 같이 특정국가에 대하여 매년 특정규모의 무역적자를 줄이기 위한 조치로 상호주의를 활용하려는 것이다. 대통령 후보로 출마했던 전 아리조나 주지사 Bruce Babbitt는 더욱 가혹한 방안을 제시하였는데, 미국으로부터 지속적인 무역흑자를 내고 있는 국가에 대하여 재제차원에서 관세를 100%까지 인상해야 한다고 했다.

정치인들뿐만 아니라 탈산업화에 대한 두려움 때문에 쇠퇴하는 산업 분야 노조들과 언론도 보호주의를 활용하게 되었다. 국제 여성의류 노조 지도자 Sol Chaikin는 "서비스 분야에서는 좋은 급여를 받는 일자리가 상대적으로 매우 적기 때문에 제조업이 없는 경제는 필연적으로 생활수준의 하락을 경험한다. 다국적 기업에 대한 규제가 없어 미국에서 제조업이 없어지고 부를 빼앗기게 된다"고 했다. 그리고 일부의 주장은 더 강했는데, "일본은 미국의 산업을 해체시킴으로써 다시 역사상 가장 뛰어난 상업적 공격을 하는 나라의 하나가 되고 있다"고 했다. 이러한 움직임은 1902년 영국의 상호주의자들이 출판한 "미국 침략자들"에서 경쟁국인 미국과 독일에 했던 경고를 떠올리게 한다.

영국의 Lord Randolph Churchill이 다른 국가의 관세에 대응하거나 다른 나라의 관세를 낮추기 위한 압력행사로 관세를 활용해야 한다고 했던 것과 같이 미국도 1974년 무역법 제301조를 대표적인 수단의 하나로 활용했다. 미국 대통령은 동 법에 근거해서 무역상대국이 국제무역규범을 위반하거나 정당화할 수 없는 비합리적이거나 차별적인 방법으로 미국의 무역을 제한하거나 부담을 주는 관행에 대하여 보복조치를 할 수 있게 하였다. 전 USTR의 무역법 제301조 위원회 위원장 Jeanne Archibald은 "무엇이 비합리적인지를 대통령이 판단할 수 있기 때문에 외국의 어떠한 조치도 대상이 될 수 있다"고 보았다. 그러나 초기에는 이러한 조치에 매우 신중하였는데 광범위한 선례가 만들어지지 않도록 해야 한다는 우려를 반영한 것이다. 그러나 무역법 제301조를 적극 활용하라는 의회의 압력이 커짐에 따라 당초의 신중함은 점차 사라지게 된다.

(1) 미국의 상호주의가 성공할 수 있었던 이유

19세기 영국에서 상호주의는 실패했지만 미국에서 재등장한 상호주의는 더욱 강력했는데 그 이유는 다음과 같다.

첫째, 영국의 상호주의자는 반세기 동안의 일방적 자유무역에 대한 약속을 뒤집고자 했으나, 미국의 상호주의자는 일방적 자유주의를 반대하는 것이 아니라 기존의 상호주의를 기본으로 하는 무역정책의 틀 내에서 강화된 요구였기 때문이었다.

후발 산업화 국가인 미국은 영국과 달리 일방적 자유무역 정책을 채택한 적이 없다. 1791년 Alexander Hamilton의 "제조업에 관한 보고" 이래 보호주의는 미국 무역정책의 일부였다. 동시에 미국은 상호주의 원칙을 견지해 왔다. 1934년 상호주의 무역협정법에서부터 제2차 세계대전 이후 브레튼우즈까지 미국은 관세분야에서 지속적으로 상호주의적인 생각을 가지고 있었다. 앞서 언급한 바와 같이 GATT의 관세협상 방식은 일차미분(차이) 상호주의에 기반한 것으로 영국의 일방적 자유무역주의가 아니었다.

둘째, 미국은 영국과 달리 거대한 내수시장을 보유하고 있기에 보복위협으로 상대국의 정책을 변화시킬 수 있는 레버리지가 있었다. 영국의 경우 내수시장의 한계로 수입관세 부과를 통한 관세위협의 효과를 누릴 수 없었으나, 1985년 미국의 교역규모는 5,713억 달러로 전 세계의 14.5%를 차지하고 있었으며 특히 수입은 3,525억 달러로 전 세계 수입의 17.5%를 차지하는 세계 1위 무역 대국이었다. 19세기 말 영국과 달리 미국은 다른 나라의 수출에 심대한 영향을 미칠 수 있는 내수시장을 보유하고 있었다는 점이다.

셋째, 미국에서 상호주의로의 복귀가 성공한 것은 과거와 다른 정치경제 환경에도 크게 기인한다.

정치적 수용성 측면에서, 상호주의 주장은 쇠퇴하는 강대국 신드롬과 달러가 과대평가된 상황에서 강력한 지지를 받을 수 있었다. 미국의 자유무역 지지자들이 19세기 영국의 반 상호주의자들이 한 것처럼 상호주의를 반대하였지만 공정무역이 가지는 해외시장 확대라는 측면은 강력한 매력이었다. 자유무역만으로 정치적 지지를 얻기는 어려운데 해외시장 확대에 도움이 되는 상호주의자들과 함께 함으로써 정치적 지지를 확보하는 데 유리했기 때문이다.

정치 심리학적인 측면에서 미국이 대국으로서 자신들의 권리를 주장하지 않기 때문에 작아지고 있다고 주장하는 공화당에게 매력적이었다. 전 UN 미국대사였던 Kirkpatrick은 무역적자를 해결하기 위해 환율에만 집중하는 것은 다른 나라가 미국상품을 그들의 시장에서 밀어내려고 하는 일련의 차별적인 조치를 고려하지 않는 것이라고 주장했다. 미국에서 자유무역주의자와 상호주의자는 심리적인 측면에서도 유사점이 있다. 정치학에서 자주 논쟁이 되고 있는 "자유무역은 강력한 힘이 있을 때만 이데올로기로 선호될 수 있다"는 점을 되새겨 볼 필요가 있다. 다원주의적 적자생존 이론은 일반적으로 승자로 예상되는 사람들에게 호소력이 있고, 실질적인 경쟁력을 소유한 자들의 독트린이다. 그래서 19세기와 20세기 산업화를 위해 보호주의가 필요했던 후발 국가들은 자유주의를 꺼려했다.

정치적 동맹측면에서는, 일부 자유무역자들에게 상호주의자들은 보호주의에 대항할 수 있는 동맹으로 보였을 것이다. 보호주의로 이득을 보는 생산자는 숫자가 적고 효과적으로 조직화될 수 있는 반면, 소비자는 보호주의로 피해를 보면서도 단결하기에는 숫자가 너무 많았기에 늘 정치적 동맹을 찾고자 노력해 왔다. 공정무역자들의 핵심요소가 해외시장을 열겠다는 점에서 이들과

레이건 대통령의 자유무역주의

1980년대 레이건 대통령의 자유무역에 관한 약속은 그가 Eureka college 에서 경제학을 전공하였지만 비교우위 이론이나 아담 스미스나 리카르도의 생각에 토대를 두고 있는지는 알 수 없다. 오히려 자유무역에 대한 집착은 다윈주의적 적자생존 이론에 대한 직관과 미국이 세계 1위가 되어야 한다는 생각에서 비롯한 것 같아 보인다. 사실 그의 미국 대중에 대한 호소는 베트남 전쟁 패배와 미국의 무기력 이후 미국의 힘에 대한 신념에서 나왔다. 미국에 대한 신념은 세계에서 미국의 중심적 역할을 회복해야 한다는 갈망에 대한 외침이었다. 비록 미국이 세계 자유무역에서 어려움에 처해 있지만 반드시 승리해야 하고 번영할 수 있다고 확신한 것으로 볼 수 있다.

이렇게 자유무역의 이데올로기가 아담 스미스의 지적인 것이 아니라 다윈주의적 적자생존 이론에서 비롯되었다면 그는 평등한 조건에 대한 상호주의 요구에 더욱 민감했을 것이다. 미국의 산업이 충분히 경쟁할 능력을 가지고 있다고 믿는 그들에게 다윈적 투쟁에서도 미국이 승리하지 못한다면 반드시 외국 경쟁자가 무언가 불공정 행위를 하고 있는 것이라고 결론을 낼 것이다.

협력하는 것이 보호주의에 대항하는 정치경제 여건을 조성하는 데 전략적으로 유용한 수단이었을 것이다.

(2) 미국이 상호주의를 내세우며 취한 무역제한 조치

영국에서 처음 공정무역 또는 상호주의가 부상했을 때부터 이에 동반할 수 있는 위험적 요소에 대한 우려가 있었다. 자유무역시스템을 해치거나, 명백한 보호주의로 변화될 수 있다는 측면이 그것이다. 공정경쟁이라는 미명하에 상대국에게 일방적 무역제한 조치를 요구할 수 있기 때문이다.

이와 관련 당시 미국 정부가 활용한 것이 1974년 무역법 제 301조[8]와 VER(Voluntary Export Restriction, 수출자율규제) 등이었다. 무역법 제301조는 1974년 리차드 닉슨 대통령 시절에 발의되고, 1975년 1월 3일에 제정된 미 국내법으로 대통령에게 미국 무역과 투자에 악영향을 미치는 외국의 불공정 무역행위를 제거하는 데 필요한 조치를 할 수 있는 권한을 부여했다.

미국은 1982년 비 가죽신발,[9] 1985년 반도체에 대한 일본의 차별적이고 불공정 조치로 미국 기업이 피해를 입고 있다고 무역법 제301조를 발동하였다. 결국 일본산 비 가죽신발에 수입쿼터를 설정하고 이를 위반할 경우는 보복조치를 경고하였다. 반도체의 경우도 이듬해 수출자율규제 성격을 포함한 "미일 반도체 협정"을 체결하고, 일본은 "미국 및 세계시장에 대한 덤핑을 중단(가격조정), 5년 내 미국의 일본 내 반도체 시장 점유율 20% 달성"에 합의하였다. 이러한 내용이 공식적인 합의문에는 포함되지 않았으나 비밀부속서한을 통해 일본이 시장개방 약속을 이행하는지 여부를 모니터하였고, 일본이 이를 제대로 이행하고 있지 않다며 일본 전자제품에 관세를 부과하는 보복조치를 했다.

그리고 1984년 9월 레이건 대통령은 "철강수입안정법"을 통해 수입이 급증한 국가들과 철강 수출자율협정 협상 체결권한을

---

8) 이를 일반 제301조라 하며, 이와 유사한 Special 301조는 지식재산권에 대한 적절한 보호나 시장접근을 제공하지 않는 국가에 대해 USTR이 취할 수 있는 조치를 규정하고 있다.

9) 미국의 신발업계는 일본뿐만 아니라 프랑스, 이탈리아, 영국, 스페인, 브라질, 대만, 한국산에 대해서도 제소를 하였고, USTR은 브라질, 일본, 한국, 대만에 대하여 301조 조사를 개시하였다.

USTR에 부여했다. 이에 따라 일본, 한국, 호주 등 19개 국가들과 국가별 약정을 체결하여 수출량을 제한했다. 자동차 분야에서도 미국자동차 노조의 세이프가드 신청이 ITC의 산업피해 부정으로 불발되었으나, 일본정부는 미국의 보호주의 조치 입법화를 우려해 수출자율규제 추진에 합의했다.

▌플라자 합의에 참여한 독일, 프랑스, 미국, 영국, 일본 대표

이러한 노력에도 국내 재정적자와 대외 무역적자 문제는 쉽사리 개선되지 않았다. 이러한 쌍둥이 적자의 이면에는 1980년 초반부터 시작된 스태그플레이션을 잡기 위한 레이건 정부의 고금리 긴축정책이 있었다. 고금리 정책으로 인플레이션은 완화되었으나 달러화 강세는 계속되어 보호주의적 무역제한 조치만으로 일본과 독일 등 국가와의 무역적자는 개선되지 않았다. 이에 미국은 달러화의 가치를 내리기 위해 정치적 방안인 플라자합의를 성사시켰다.[10] G5(영국, 프랑스, 일본, 독일, 미국)의 재무장관과 중앙은행총재들이 뉴욕의 플라자 호텔에서 만나 일본 엔화, 독일 마르크 등의 가치를 높이는 데(달러의 가치를 낮추는 데) 합의하였고 일본의 엔화는 불과 1년 만에 달러화 대비 그 가치가 2배가 높아진다.[11] 결국 미국의 제조업은 일본 등 서구 국가에 비해 상대적인 경쟁력을 얻게 되어 무역수지가 개선되었다.

---

10) 1985년 9월 22일 미국, 영국, 독일, 프랑스, 일본 등 주요 5개국 재무장관이 뉴욕 플라자호텔에 모여 "달러와 가치를 내릴 수 있도록 서로 노력하고 대외 불균형 축소를 위해 재정 통화정책에 공조한다"고 합의하였다.

11) 1달러에 235엔이었던 달러화 환율이 불과 1년 후에 120엔대로 하락함

4. 트럼프의 등장과 상호주의 그리고 WTO

앞서 살펴본 바와 같이 트럼프 대통령의 상호주의에 근거한 공정무역 주장은 처음이 아니고 역사적으로 유사한 전례를 찾을 수 있다. 그 중에 1980년대 미국의 공정무역 주장의 주 대상은 급속한 경제성장으로 미국을 위협했던 일본이었다. 미국은 무역법 301조, 자발적 수출제한[12] 조치의 활용뿐만 아니라 정치/군사적 영향력을 토대로 플라자 합의를 성사시켜 일본을 포함한 주요 대미무역흑자국의 환율을 평가절상시켰다. 이후 소위 말하는 일본의 잃어버린 20년이 시작되었다.[13]

그러나 21세기에 접어들면서 미국은 새로운 위협에 직면하게 되는데, 중국의 급부상이다. 중국은 1970년대 말부터 개방정책을 시행하면서 2001년 WTO 가입을 통해 세계경제에 본격 편입되었고 이후 놀라운 경제성장을 이룩했다. 그리고 중국의 성장은 세계 경제의 절대적 초강대국인 미국의 위상을 위협하는 수준에 까지 이르렀다. 1980년대 일본으로 인한 위기상황이 30여 년이 지난 시점에 그 대상이 중국으로 대체되었고 상황은 더욱 심각해 진 것이다.

---

12) 당시에는 GATT 규범의 규제대상이 아니었으나 우루과이 라운드에서 규제대상이 됨

13) 플라자 합의가 90년대 이후 일본 경제의 버블과 경제불황의 직접적 원인이라고 보기 어렵다는 의견도 있음(Did the Plaza Accord Cause Japan's Lost Decades? IMF 2011.4)

(1) 중국의 급속한 부상

1985년 중국의 GDP는 0.3조 달러로 4조 달러의 미국, 1.4조 달러의 일본에 비교하면 미미한 수준이었다. 그러나 2017년 중국은 GDP 12조 달러의 경제대국으로 성장하여 19.4조 달러 규모의 미국의 60%를 넘어섰고, 일본(4.9조 달러)의 두 배를 훨씬 뛰어넘었다. 1985년 미국이 일본을 대상으로 무역제재조치를 시행할 때 일본의 경제규모가 미국의 35% 수준이었다는 점을 고려한다면 1980년대 일본에 비해 오늘날 중국은 미국에 훨씬 더 큰 위협적 존재가 되어 버린 것이다.[14] 여기에 더해 2032년이 되면 중국이 미국을 제치고 GDP 규모로 세계 제1위의 경제대국이 될 것

▍ **GDP 규모(조 달러)**

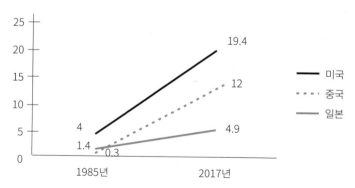

출처: The GlobalEconomy.com

---

14) IMF 통계에 따르면 구매력 기준으로 본 전 세계 GDP에서 차지하는 비중은 1985년 미국 22.5%, 일본 8.5%, 중국 3.4%였으나, 2014년부터 중국의 비중이 미국을 앞서기 시작하여 2017년에는 미국 15.2%, 일본 4.3%, 중국 18.2%가 되었다.

▌상품교역규모(억 달러)

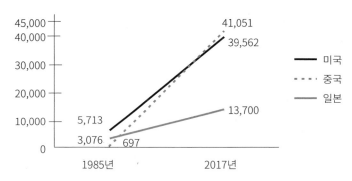

출처: WTO Statistics Database

이라는 전망마저 나오고 있다.15)

　　상품 교역에서는 1985년도 미국의 교역 규모는 5,713억 달러로 전 세계 교역의 14.4%, 일본은 3,076억 달러로 7.8%를 차지했으나, 중국은 697억 달러로 1.8%에 불과했다.16) 그러나 2017년에는 미국 3조 9,562억 달러로 전 세계에서 차지하는 비중은 11%, 일본은 1조 3,700억 달러 3.8%로 줄어든 반면, 중국은 4조 1,051억 달러로 전 세계의 11.5%를 차지하면서 미국을 능가하는 최대 무역국이 되었다.17)

---

15) Bloomberg "China to overtake U.S. Economy by 2032 as Asian Might Builds" 2017

16) 미국(수출 2,188억 달러, 수입 3,525억 달러, 1,337억 달러 적자), 일본(수출 1,771억 달러, 수입 1,305억 달러, 466억 달러 흑자), 중국(수출 274억 달러, 수입 423억 달러, 149억 달러 적자)

17) 미국(수출 1조 5,467억 달러, 수입 2조 4,095억 달러, 8,628억 달러 적자), 일본(수출 6,981억 달러, 수입 6,719억 달러, 262억 달러 흑자), 중국(수출 2조

이러한 최근의 경제상황에 비추어 본다면 미국이 느끼는 위기감은 1980년대 수준을 뛰어넘고 있으며, America First를 외치며 상호주의에 입각한 공정무역을 강조하는 트럼프가 등장하고 대통령으로까지 당선된 것은 어찌 보면 미국의 당연한 선택으로도 볼 수 있다.

(2) 트럼프에게 WTO란?

현재의 상황이 1980년대 상황과 비교하여 크게 다른 점 중의 하나를 꼽는다면, 1980년대 세계 경제는 GATT체제하에 운영되었다면 현재는 WTO체제로 운영되고 있다는 점이다. GATT체제와 WTO체제는 어떻게 다른 것일까? 가장 대표적인 것이 무역분쟁해결 시스템일 것이다.

GATT체제하에서도 각 국간 무역분쟁을 다루는 시스템이 있었다. 무역관련 불만을 가진 국가는 상대국과 먼저 협의를 해야 한다. 이러한 양자협의에서 문제가 해결되지 않으면 패널을 구성하여 시시비비를 가릴 수 있었다. 다만 이 모든 과정에서 적용되는 중요한 규범이 만장일치(Consensus) 원칙이었다. 즉 패널의 구성 여부, 패널판정 채택 등의 모든 의사결정에 회원국 전체의 동의가 있어야만 가능했다. 모든 회원국이라 함은 분쟁의 당사국인 제소국과 피소국도 포함했다. 그래서 당사국간 협의를 통해 문제를 해결하지 못하여 패널을 구성하려고 할 때, 한 회원국이라도

2,633억 달러, 수입 1조 8,418억 달러, 4,215억 달러 흑자). 2013년 기준으로 중국의 교역규모가 전 세계에서 차지하는 비중이 11%로 10.5% 미국을 능가한 바 있다.

(주로 피소국) 반대를 하면 패널이 구성될 수 없었다. 그리고 패널이 구성되더라도 패널판정에 제소국이나 피소국이 불만이 있는 경우 보고서도 채택이 될 수 없었다. 국내 사법제도 측면에서 본다면 상상할 수도 없는 시스템이다. 그러나 국제적으로 이러한 분쟁해결 시스템은 GATT체제가 설립된 1947년부터 수십년 동안 유지되어 왔다. 그 이유는 제소국이나 피소국이 합의에 반대할 수 있는 권한(Veto)은 가지고 있으나 상당부분 자발적으로 자제했기 때문이다. 단기적인 관점에서 합의에 반대할 수 있지만 이를 자주 행사할 경우 장기적인 관점에서 다른 국가들의 연쇄적인 반대를 유발하여 GATT체제 자체가 무력화될 수 있다는 암묵적인 공감대가 있었다고 볼 수 있다. 따라서 피소국이 패널 구성을 반대할 것으로 보이는 경우는 제소국이 패널 구성자체를 요청하지 않거나, 패널보고서도 당사국의 반대를 감안하여 법적인 측면뿐만 아니라 외교적인 내용으로 조정되는 경우가 많았던 것이다. 반덤핑 등과 관련된 민감하고 중요한 분쟁이 많지 않았던 시대에는 나름 분쟁해결 기능을 했었던 것이다.

  이것이 1980년대 중반의 세계통상체제였다. 미국이 일본의 부상으로 위기의식을 느끼고 상호주의에 근거하여 일본 등 경쟁국의 불공정 무역에 대한 제제를 가하고 싶더라도 GATT체제하에서는 피소국이 반대하면 패널 구성뿐만 아니라 패널판정에까지 이르는 것이 거의 불가능한 상황이었다. 반면 미국이 국내법에 근거한 일방적인 제제를 하고 이에 대하여 다른 나라가 문제제기를 하여 GATT 분쟁절차로 가더라도 미국이 반대하면 그만인 상황이었다. 따라서 당시는 GATT체제가 미국에 도움이 되지는 못하더라도 최소한 방해가 되지는 않았다.

그러나 오늘날 WTO체제는 전혀 다른 상황이라는 점에서 미국의 어려움이 있다. GATT체제에 비해 WTO체제하의 분쟁해결 절차는 크게 두 가지 점에서 차이가 있다. 첫째는 WTO 분쟁해결 절차에서는 GATT의 만장일치 원칙 대신 역 만장일치(Negative Consensus) 원칙을 채택하였다. 앞서 설명한 GATT체제의 한계를 극복하기 위해 패널구성이나 패널판정의 채택 등에 대하여 일반적인 만장일치가 아니라, 모든 회원국이 반대할 경우를 제외하고는 자동적으로 패널이 구성되고 패널판정이 채택되도록 한 것이다. 즉 GATT체제에서는 한 국가라도 패널 구성이나 패널결정의 채택을 막을 수가 있었으나, WTO체제에서는 역 만장일치 원칙에 따라 불가능하게 되었다. 분쟁해결 기능이 한층 강화된 것이다. 둘째는 패널판정에 불복하는 경우 상소할 수 있도록 상소기구(Appellate Body)를 도입하였다. 일종의 2심 제도를 도입한 것이다. GATT체제에서는 없던 것으로 역 만장일치 원칙의 도입에 따라 불리할 수 있는 국가들의 상황을 보완할 수 있도록 한 것으로 전문가로 7인의 상소위원[18](4년 임기에 연임가능)을 선정해 두고 패널판정에 이의가 있는 경우 이를 다시 다툴 수 있게 하였다. 다만, 상소기구의 판정은 최종적 효력을 지니며, 패소국이 판정을 이행하지 않는 경우 승소국은 받은 피해에 상응하는 보복조치를 할 수 있도록 하였다. 상소기구의 판정에 사실상 강제력을

---

18) WTO 출범 이래 미국, EU가 관행적으로 각 1석을 유지해 왔으며, 나머지 5석은 지역간, 선진－개도국간 안배를 감안하여 구성, 각 사건은 7인의 위원 중 3인을 선정하여 담당한다.

부여한 것이다. GATT에 비해 WTO 체제가 분쟁의 최종결정에 대하여 훨씬 더 강한 이행력을 확보한 것이다.19)

이렇게 WTO체제하의 분쟁해결 시스템에서는 초강대국인 미국조차도 모든 회원국의 협조 없이는 패널 구성이나 패널 및 상소기구의 판정을 막을 수 없게 되었다. 만일 미국이 WTO 규범에 따르지 않고 일방적 무역제재조치를 할 경우, 상대국이 WTO에 제소하게 되면 이를 막을 수 없다. 분쟁결과 미국이 패소할 경우 상대국은 피해에 상응하는 보복조치도 할 수 있게 된 것이다.

1980년대에 비해 상호주의에 근거한 결과적 평등을 실현하려는 트럼프 대통령에게는 운신의 폭이 좁아진 것이다. WTO 분쟁해결 시스템은 GATT 분쟁체제의 한계를 극복하고자 미국 주도로 진행된 우루과이 협상 결과였으나, 현 시점에서는 오히려 미국에게 부메랑으로 돌아온 꼴이며, 이러한 점에서 앞서 설명한 이유에 더해 트럼프 대통령은 WTO에 부정적일 수밖에 없는 것이다.

┃ 상소기구 무력화

이와 관련하여 미국이 WTO 최고 분쟁해결 기구인 상소기구의 운영자체를 마비시키고 있다는 점에 주목할 필요가 있다. 상소기구는 7명의 위원으로 구성되어 있고 각 위원은 4년 임기

---

19) 다만, 상소기구가 판정을 강제할 수는 없고 상대국의 보복조치 능력에 따라 제재여부나 그 규모가 결정되고 실행될 수 있다는 점에서 해당국가의 교역규모 등 경제적 능력에 따라 사실상 제재가 제한되는 한계는 있다.

에 한 번 연임할 수 있도록 되어 있다. 따라서 상소위원으로 선정된 이후 4년이 지나면 연임여부를 결정하고 연임이 안 될 경우는 새로운 위원을 선정해야 한다. 그러나 이러한 상소위원 선정과정에는 역 만장일치가 아니라 일반적인 만장일치의 원칙이 적용되는데 미국은 상소위원의 연임 및 새로운 위원선정 자체를 반대하고 있다. 미국이 2017년 3월 이후 상소위원의 연임 및 신임 상소위원 선정에 반대하고 있는 유일한 국가이다. 이로 인해 임기가 만료된 상소위원의 후임 선정절차가 진행되지 못해 2018년 9월 현재 상소위원은 3명[20]으로 줄어들었다. 앞으로 이러한 상황이 계속되면 3명의 상소위원도 차례로 임기가 종료하게 되어 사건별로 3인 상소위원을 배정하여 운영하게 되어있는 상소기구는 자연스럽게 고사하게 될 상황이다.

▌ 국가안보를 이유로 한 무역제한 조치

마지막으로 우려되는 상황은 미국이 WTO 분쟁시스템을 마비시킴과 동시에 국가안보를 이유로 한 무역제한 조치를 하고 있다는 점이다. WTO는 안보예외(Security Exception, GATT 제21조)를 통해, 전쟁의 수행, 무기 거래 등 실질적인 안보 목적을 위한 회원국 정부의 무역제한조치에 대해서는 예외를 인정하고 있다. 그리고 관련한 구체적인 내용과 절차 등에 대해서는 언급하고 있지 않는데 이는 명백한 국가적 안보위협 상황에 대한 일반적인 공감대가 있기 때문이라고 본다. 최근 미국은 2018년 3월 외국산 수

---

20) 현재 남은 3인의 상소기구 위원은 Thomas Graham(미국)와 Ujal Singh Bhatia(인도)의 임기는 2019년 12월, Zhao Hong(중국)의 임기는 2020년 12월

입제품이 미국 국가안보에 위협이 될 경우 긴급 수입제한을 할 수 있도록 만든 "무역확장법 제232조"에 근거해서 일방적 조치로 수입 철강과 알루미늄에 관세를 부과했다. 수입으로 인해 특정 산업분야의 국내기업 가동률이 낮아지는 문제 등 GATT 제21조에서 명백히 규정하고 있지 않은 상황을 안보와 연계한 것이다.[21] 현 WTO체제하에서는 그러한 조치가 WTO 분쟁시스템의 대상이 될 수 있는지 여부에서부터 이를 인정하더라도 어떻게 그 적절성을 판단할 수 있을지가 모호한 상황이다. 많은 나라들이 미국의 이러한 조치에 우려를 표명하고 있으며, 다른 나라들도 이와 같은 방식으로 국가안보를 이유로 무역제한조치를 취한다면 WTO체제의 근간이 흔들리고 무력될 수 있다는 점에서 매우 우려되는 상황이다.

미국의 철강수입 규제

미국은 2018년 3월 철강 및 알루미늄에 25%와 10%의 관세부과 결정을 했다. 국가안보를 이유로 국내법인 무역확장법 제232조에 근거한 무역제한 조치였다.

제2차 세계대전 이후 미국은 세계 1위의 철강생산국이었으나 1960년대부터 EU, 일본 등 신흥국의 추격을 받으며 경쟁력을 잃기 시작했다. 그러자 1984년 미국 업계와 노조는 무역법 제201조에 따라 "긴급수입제한(세이프가드) 조치"를 신청하였고, 레이건 대통령은 EU, 일본, 한국 등 27개국에 철강 쿼터 협상지시를 했다. 철강 수출국들은 어쩔 수 없이 자율수출규제(VER)협정

---

21) 트럼프 행정부는 2017년 4월 수입 철강 및 알루미늄에 대하여 무역확장법 제232조에 따른 조사를 개시하였고 이듬해인 2018년 3월 철강에 25%, 알루미늄에 10% 관세부과 결정을 하였다.

을 체결하고 수출국 스스로 연간 쿼터를 정해 그 물량만 수출하기로 했었다. WTO 출범 이후에도 미국은 통상법 제201조에 근거해 무역제한 조치를 했지만 동 법은 WTO 세이프가드 협정의 국내 이행법이므로, WTO체제하에서 가능한 조치이다. 그러나 국가안보를 이유로 무역제한 조치를 인정하는 무역확장법 제232조는 WTO 협정에 명확한 근거가 없다는 점에서 차이가 있다. 과거에도 미국 내에서 이러한 무역확장법 제232조에 근거한 조사는 있었으나, 1962년 이래 총 28회에 불과하고 그중 구체적인 조치까지 이루어진 경우는 석유수입 등과 관련한 5회에 한정되었다.[22] 2000년대 초 부시행정부 시절에도 통상법 제232조에 근거한 철강 수입에 대한 조사는 있었지만 실제 조치로 이어지지는 않았다.

종합하면 그간 미국의 철강수입에 대한 무역제한 조치는 반덤핑, 보조금 상계관세 등 상대국의 불공정 무역행위에 대한 무역구제수단을 주로 사용했다. 그러나 그 결과가 만족스럽지 못하자 불공정행위는 아님에도 예외적으로 급격한 수입증가에 대응하여 인정한 세이프가드 조치를 활용했었는데, 이제는 한발 더 나아가 국제 무역규범도 없는 안보예외를 근거로 한 무역확장법 제232조를 사용한 것이다. 지금까지 WTO 회원국 중 국가안보를 이유로 무역제한 조치를 한 사례는 극히 드물다.[23] 미국의 무역확장법 제232조에 근거한 무역제한 조치에 대하여 모든 WTO 회원국이 우려를 표시하고 있으며 직접 대상이 된 EU, 러시아, 캐나다 등은 WTO 분쟁해결절차에 제소한 상황이다. 그러나 법률적 차원을 넘어선 정치적으로 민감한 사안이라는 점과 상소기구가 마비되어 가고 있는 점을 감안하면 해결이 쉽지 않아 보인다. 이러한 시도가 확대된다면 WTO체제는 사실상 붕괴될 수도 있다.

여기에 더해 미국은 2018년 5월 자동차 및 부품 수입, 7월에는 우라늄광과 관련 제품수입에도 무역확장법 제232조에 근거한 조사를 개시하였는데, 경제적 파급효과가 큰 자동차 분야에 대해서는 그 대상이 된 우리나라, 일본, EU 등 자동차 수출국에게는 심각한 통상이슈가 되고 있다.

---

22) 통상법률 2017 – 12(138호)
23) 러시아가 국가안보(GATT 제21조)를 이유로 우크라이나 제품을 실은 차량의 자국 통과를 금지하자 우크라이나는 WTO 제소하여 분쟁절차가 진행중이다.

　　이러한 상황을 종합해 보면, 미국 우선주의를 내세운 트럼프의 대통령 당선은 충분히 이해될 수 있으며, 트럼프 대통령이 WTO체제에 부정적인 것도 당연한 귀결이라고 보인다.

미국 정부의 정책여지를 좁히고 미국의 발목을 잡을 수 있는 WTO체제가 어떻게 미국 의회의 비준을 받고 출범하게 되었는지가 궁금해진다.

WTO는 국제무역기구(ITO)의 실패를
어떻게 딛고 일어섰는가?

1. 미국이 주도한 전후 세계무역질서(ITO 실패)

2. ITO를 대신한 GATT 50년(8차례 라운드)

3. WTO 설립의 산파역할을 한 우루과이 라운드

4. WTO는 무엇이 ITO와 달랐는가?

WTO가 1995년에 최초의 다자무역기구로 출범했는데 약 50년 전에 이와 유사한 ITO(International Trade Organization, 국제무역기구) 설립 논의가 있었다. WTO는 ITO에 대한 이해 없이는 그 의미를 완전히 이해할 수 없는데 그 이유는 ITO는 설립직전까지 갔었다가 미 의회의 비준 실패로 마지막 순간에 좌절되고 말았기 때문이다. 이후 50년간 세계통상질서는 ITO를 대신하여 GATT라고 하는 임시체제로 운영되었다. WTO가 어떻게 ITO의 실패를 극복하고 성공적으로 출범할 수 있었는지 살펴보자.

1. 미국이 주도한 전후 세계무역질서(ITO 실패)

제1차 세계대전과 1930년대 대공황을 거친 후 새롭게 초강대국으로 부상한 미국은 그간의 경험을 토대로 전후 세계경제질서를 어떻게 재정립해야 할 것인가를 고민했다. 미국의 Franklin D. Roosevelt 대통령과 Cordell Hull 국무장관은 윌슨 대통령이 주창한 "자유무역은 경제적 번영뿐만 아니라 세계 평화를 위해서도 반드시 필요하다"는 사상의 강력한 지지자였다. 그들은 1930년대 대공황 상황에서 세계 각국이 취한 고관세, 경쟁적인 환율인하 조치, 차별적인 무역블록의 형성 등은 상황을 개선하기보다는 세계 경제를 더욱 불안하게 만들었음을 경험했다. 이러한 교훈으로 미국, 영국 등 연합국 국가들은 그들 중심으로 경제적 협력관계를 구축하는 것만이 국제평화와 번영을 달성할 수 있는 유일한 길이라고 확신하였다. 이러한 배경으로 제2차 세계대전이 한창이던 1940년대 미국은 ITO 설립을 추진하게 되었다.

1941년 8월 미국의 루즈벨트 대통령과 영국의 처칠 수상간에 체결된 대서양 헌장에 이러한 비전(Vision)이 반영되어 있다. 제2차 세계대전이 진행중이던 1941년 8월 14일 두 정상은 대서양 해상의 영국 군함 "프린스 오브 웨일즈호"에서 회담한 후 공동선언을 발표했다. 이러한 공동선언은 미국과 영국 정부의 세계 복지와 평화에 관한 공통원칙으로서, 제2차 세계대전 연합국의 목표일 뿐만 아니라 이후 국제연합의 이념적 토대가 되었다.

대서양 헌장의 핵심내용은 대국이든 소국이든, 전쟁 승전국이든 패전국이든 관계없이 경제적 번영을 위해 모든 나라가 동

동한 조건으로 무역을 할 수 있도록 노력하자는 것이다.[1] 이러한 내용은 자유무역이라는 철학에 기반하였지만, 현실적으로는 전후 미국내 발생할 수요부족 문제를 해결하기 위한 측면도 동시에 고려된 것이다. 즉 다자간 관세인하 협상을 통해 교역을 확대하는 것은 미국에게 더 큰 시장을 제공해 줄 수 있었기 때문이었다.[2]

(1) 브레튼우즈 체제(IMF와 IBRD)의 출범

1942년 초 미국 국무장관의 특별 자문관이었던 화이트(Harry Dexter White)와 영국 재무성 자문관이었던 케인즈(John Maynard Keynes)는 각각 전후 세계경제의 안정과 번영을 도모할 제안을 준비하였다. 그들은 단기적인 국제수지 적자의 어려움을 겪고 있는 국가들에게

❙ 브레튼우즈 회의 당시 소련과 유고슬라비아 대표와 환담하는 케인스

재정적 지원을 제공하는 국제기구 설립을 계획하고 있었다. 과거와 달리 국제수지 적자 국가들이 보호무역조치나 약탈적인 경제정책을 통해 국제수지를 개선하려는 유인을 사전에 제거하려는

---

1) 국제무역에서 모든 차별적 조치를 철폐하고 무역장벽을 줄이며 생산과 고용 및 상품의 교환과 소비 확대정책에 협력하기로 하는 것으로 1942년 2월 미국과 영국간 합의한 Master Lend-Lease Agreement(제7조)에 상세히 담겨있었는데, 미국으로부터 전쟁물자 지원을 받고 있던 영국으로서는 미국의 요구를 거절하기 어려운 측면도 있었다.

2) 1940년대 유럽은 경제적으로 어려웠고 서유럽 국가들과 소련간의 긴장도 심화되고 있었다. 1947년에는 공급부족 현상으로 위기에 처하게 되자 유럽을 재건하기 위한 미국 주도의 마샬플랜이 추진되었는데 이 또한 유럽의 재건을 지원하는 것이 목적이었지만 미국의 수출증대에도 기여하였다.

것이다. 그리고 대공황 시기를 전후하여 각국이 보여 온 환율인 하 경쟁의 결과를 감안하여 고정환율제도도 고려하였다.

1944년 7월 44개국 대표가 참여한 UN 통화금융회의가 미국 뉴햄프셔주 브레튼우즈에서 개최되어 국제통화기금(IMF: International Monetary Fund)과 세계은행(IBRD: International Bank for Restructuring and Development) 설립에 합의하였다. 국제통화기금은 미국달러와 금에 기초한 고정환율제도의 이행을 모니터링하면서 단기적 국 제수지 불균형 문제를 겪고 있는 국가들에게 단기재정지원을 하 고 관련 자문과 협력을 수행하기로 했다. 세계은행은 전쟁으로 피해를 입은 국가들의 재건과 개도국 경제개발을 위한 재정적 지원을 제공하기로 하였다. 1945년 7월 미의회는 IMF와 IBRD에 가입하는 브레튼우즈 협약3)을 비준하고 5개월 후 두 기구는 공 식 출범하였다.

브레튼우즈 회의에서 IMF와 IBRD 설립 결정을 하였지만, 참 가국들은 이러한 국제기구를 보완할 무역에 관한 국제기구 필요 성에 대해서도 인식하고 있었다. 그러나 국제금융분야에 비해 국 제무역에 관한 합의도출은 더 어려운 과제였는데 그 이유 중의 하나가 1932년 영연방 국가들간 특혜관세 시스템(오타와 협정) 때 문이었다. 이들 국가간 무역에는 다른 나라들과의 무역에 비해 상호 낮은 관세를 부과하고 있었다. 미국은 이러한 제국주의에 기초한 특혜조치에 대해서 이념적으로나 현실적으로 반대하였

---

3) 브레튼우즈 협약으로 시작된 고정환율제도는 1971년 8월 세계가 환율위기를 겪고 닉슨 대통령이 달러의 금태환 중지를 선언함으로써 중단되고 1973년 2 월부터 변동환율제도로 바뀌게 된다.

다. 현실적인 반대 이유 중의 하나는 영연방 특혜시스템에 포함된 영국과 캐나다가 미국의 1,2위 무역상대국이었기 때문이다.

(2) ITO 설립 "하바나 헌장" 논의

이러한 상황에서 1945년 7월 미 의회는 트루먼 행정부에 무역협상 권한을 부여하고 동년 12월 15개 동맹국을 초청하여 상품무역 관련 다자간 관세감축 협상을 시작하였다. 실질적인 협상은 1947년 4월부터 10월까지 제네바에서 이루어졌으며, 이 과정에서 "관세 및 무역에 관한 일반협정(GATT: General Agreement on Tariffs and Trade)"에도 합의하였다. 제네바 관세협상 결과 4만 5천여 품목(10억 달러에 상당하는 규모로 전 세계 무역의 1/5 수준)에 대한 관세인하를 결정하였다(제1차 제네바 GATT 협상).

한편, 제네바 관세협상이 시작되기 이전인 1946년 2월 미국의 제안으로 UN 경제사회이사회(Economic and Social Committee)는 국제무역기구(ITO) 설립 헌장 논의를 위한 18개국[4]으로 준비위원회 (Preparatory Committee)를 구성하였다.

이러한 제안은 1943년 봄부터 1945년 여름까지 미국 내 관계부처간 회의로부터 시작되었었는데, 이때 논의된 4가지 기본원칙은 ① 오랜 기간 유지되어 왔던 특혜조치를 제외한 일반적인 MFN (Most Favored Nation, 최혜국 대우) 원칙 ② 기존의 특혜 확대 금지 ③ 현존하는 무역장벽의 완화를 위한 협상 약속 ④ 예외

---

4) 호주, 벨기에 – 룩셈부르크 경제연방, 브라질, 카나다, 칠레, 중국, 쿠바, 체코슬로바키아, 프랑스, 인도, 레바논, 네덜란드, 뉴질랜드, 노르웨이, 남아공, 소련연방, 영국, 미국

미국의 제안에 대한 영국의 반응

미국은 1944년 12월 사전 예고 없이 영국에 하바나 헌장 초안을 제안했는데 영국은 이러한 제안이 의외이며 놀라운 것일 뿐만 아니라 매우 위험하다고 보았다. 영국은 실업문제를 해결하기 위한 전제조건으로 모든 나라가 고용을 유지하기 위해 필요한 적절한 국내조치를 취할 수 있어야 한다고 믿고 있었다. 그러나 미국은 실업문제를 해결하기 위한 방안으로 자유무역과 안정된 환율을 유지하는 것이라고 생각하면서 이를 협정으로 체결하자고 했기 때문이다. 다만, 영국은 1945년 당시 Anglo-American 채무 조건에 따라 무차별 무역 회복을 약속한 상태이므로 이를 거절하기 쉽지 않은 상황이었다. 그리고 미국의 원조를 받고 있거나 받을 나라들인 벨기에, 체코슬로바키아, 프랑스, 그리스, 네덜란드, 폴란드, 터키 등 도 유사한 입장이었다.

적인 경우를 제외하고는 수량제한 사용의 금지였다. 미국은 1946년 9월에 "UN 국제무역기구 헌장(Charter for an International Trade Organization of the United Nations)"(안)을 제안하였고, 첫 회의가 1946년 10월 런던에서 개최되었다.

런던 회의에서 참가국들은 수량제한을 철폐하고 모든 무역제한 조치에 무차별원칙을 적용한다는 원칙에 합의하였다. 그러나 영국과 프랑스는 국제수지 상황이 악화되는 경우, 이를 관리하기 위한 수입통제가 필요하다는 점을 강조하였다. 더욱이 영국은 앞서 언급한 영연방 국가들과의 특혜무역이 중요하다는 입장이었다. 호주는 산업화와 고용유지를 위해서 정책적 관리 필요성을 주장하였고 영국, 벨기에, 네덜란드는 국영무역과 카르텔을 제재하자는 미국의 제안에도 반대하였다.

1947년 제네바 협상에서는 개발과 국제수지 균형을 위한 통제수단 사용에 대한 문제가 핵심이슈였다. 미국은 이러한 통제수단의 사용을 반대한 반면, 영국과 프랑스는 지지하여 이견을 보였으나, 구체적인 조건하에서 제한적으로 통제수단을 사용할 수 있도록 합의함으로써 무역기구 설립을 인정하는 쪽으로 기울었다. 단, 통제수단의 허용여부는 미국이 지배적인 영향력을 행사하고 있는 IMF가 결정하기로 하였다. 이로써 1948년 초 하바나 헌장의 기본틀에 합의하였다. 그리고 새로운 산업의 육성을 위해 수입쿼터를 사용할 수 있는 대안에도 합의하였는데, 사전승인 원칙을 적용하기로 했다. 유럽 및 라틴아메리카 국가들은 ITO 의 사결정에 1국가 1표 원칙을 미국으로부터 얻어 냈다. 전체적으로 보면 미국을 제외한 다른 나라들은 무역자유화보다 다른 무역정책에 더 관심을 갖고 있었다. 영국은 국제수지 문제에 우려가 커서 자유무역에 대한 예외를 확보하는 데 노력하였고, 호주와 같은 국가들은 원자재 가격의 불안정을 우려했으며, 인도와 남미국가 등 개도국들은 자국의 유치산업 보호를 위해 수입쿼터 문제에 관심이 있어 예외조항이 허용되는 약한 형태의 협정을 선호했다.

이와 같이 여러 나라들의 자유무역에 대한 유보요구로 국제기구를 통해 무역자유화를 추진하려던 미국의 당초 구상은 양보가 불가피한 상황이었다. 특히, 외국인투자 보호문제는 가장 많은 해외투자를 하고 있는 미국에게는 매우 중요한 부분이었다. 그러나 헌장(안)에 "예외적 상황을 제외하고는 투자된 자산을 몰수 하거나 국유화할 수 없다"라고 하여, 예외적 상황에는 투자된 자산이 몰수 또는 국유화될 수 있게 되어, 과거 한 번도 이러한 경험을 하지 못한 미국 기업에게는 중요한 이슈가 아닐 수 없었다.

이렇게 제네바 회의에서는 각국의 다양한 의견을 반영함으로써 향후 하바나에서 개최될 전체회의에서 다룰 ITO 설립 헌장(안)을 도출할 수 있었다. 이를 토대로 하바나(쿠바)에서 1947년 11월부터 협의를 계속하여 1948년 3월 마침내 50여 개 국가가 참석한 하바나 전체회의에서 ITO 설립과 국제무역에 관한 기본 규범을 담은 "하바나 헌장(Final Act and Related Documents, United Nations Conference on Trade and Employment held at Havana, Cuba from November 21, 1947 to March 24, 1948)"에 합의하였다.

ITO 설립 "하바나 헌장": 총 제9장 제106조

가. 목적

회원국들이 자발적으로 공정경쟁 원칙과 규범에 관한 규약에 합의하고, 이러한 원칙과 규범의 적용을 돕기 위해 회원국 정부로 구성된 기구(ITO)를 설립한다.

나. 주요 내용

ⅰ) 고용과 경제활동(2장): 완전하고도 생산적인 고용을 유지하기 위해 자국 내 정치·경제·사회적 기구들을 통해 적절한 조치를 시행하되, 자국의 생산 고용문제를 해결하기 위해 다른 나라에 피해를 주는 조치는 삼가도록 노력한다. 특히 수출산업에 불공정한 노동조건은 다른 나라에 어려움을 준다는 점에 동의한다.

ⅱ) 경제발전(3장): 개도국의 경제발전 중요성을 인식하고 선진국들은 저개발국가에 자본, 장비, 기술적 노하우를 지원한다는 원칙을 세우고 공정하고 동등한 대우를 하기로 한다. 개도국들은 국제투자를 받되 기 투자된 부분뿐만 아니라 미래의 투자에 대하여 적절한 안정성을 보장한다. ITO는 개도국의 경제발전을 위해 유치산업 보호 및 시장확대를 위해 국내산업 우선조치를 허용한다.

ⅲ) 무역장벽의 축소(4장): 관세 등 무역장벽의 축소를 위해 협상한다.5) 선택적으로 상품 대 상품의 관세인하 협상을 해야 하지만 특정품목에 대한 관세를 줄여야 하는 의무는 없다.

ⅳ) 무차별원칙(4장): 과거에 합의한 특정한 경우를 제외하고는 국가별로 차별하지 않는다. 헌장은 차별의 분야를 제한하고 그 절차를 규정한다. 영연방제국, 미국 – 쿠바 특혜조치와 같이 오래전에 성립한 경우는 예외로 인정하지만, 기존의 특혜조치는 더 확대하지 않고 줄이기 위한 협상을 한다. 국제수지 문제가 발생한 경우에도 예외가 인정되지만 IMF가 인정하는 기간 동안 가능하다.

ⅴ) 수입쿼터(4장): 과거 합의한 특정한 경우를 제외하고는 수입쿼터를 금지한다. 예외적인 경우에 대해서 언제, 어떻게 수입쿼터를 시행하고 언제 종료해야 하는지에 대한 절차를 규정한다.

---

5) 1947년 10월 30일 타결된 제1차 GATT 협상은 제4장 제17조에 따른 것으로 본다.

vi) 보조금(4장): 1차 상품에 대한 수출보조 또는 생산자에 대한 직접 보조금을 지급할 수 있으나 세계 수출시장에서의 동등한 비중을 초과해서는 안 된다.

vii) 국영무역(4장): 국영무역은 상업적 고려(commercial consideration)에 따라 이루어져야 하며 정치적 이유로 특정 국가를 차별해서는 안 된다.

viii) 세관 규정과 절차 단순화(4장): 세관규제를 제거하거나 단순화하기 위해 ITO는 세관규정 및 관련 문제에 대한 권고사항을 연구하고 회원국들이 세관운영에 관한 다양한 조치를 할 때 즉시 적용해야 하는 원칙들을 마련한다.

ix) 카르텔(5장): 국제무역을 제한하는 카르텔을 중단하도록 한다. 불만이 있는 회원국은 ITO에 문제를 제기하면 ITO는 사실관계를 조사하여 그러한 조치를 중단할 것을 권고할 수 있으며 회원국은 자국의 법체계에 따라 권고사항을 최대한 고려해야 한다.

x) 정부간 원자재 합의(6장): 원자재 시장에서의 과도한 공급 초과 상황이 발생하여 시장이 자체적으로 해결할 수 없고 소규모 공급자에게 부담이 발생할 경우 정부가 통제 합의를 할 수 있는 절차를 마련한다. 헌장은 공급부족 상황이 발생한 경우 천연자원을 보존하고 균등한 배분을 보장할 수 있도록 다른 형태의 합의를 허용하되 이러한 합의는 원자재 통제보다는 덜 엄격한 절차가 될 것이다.

xi) ITO의 설립(7장): 회원국들간 일상적인 무역문제를 논의하고 해결하기 위한 포럼으로 영구적인 기구를 설립한다. 구성은 회원국 정부이며 한 국가당 한 표의 투표권을 부여하고 대부분의 경우 다수결로 결정한다. ITO 결정에 만족하지 못하는 회원국은 탈퇴할 수 있다. 헌장 발효 후 매 5년마다 관련 규정을 점검하고 개정할 수 있는 절차를 둔다.

▌ 1947년 11월 "하바나 헌장(안)" 논의를 위한
UN Conference on Trade and Employment (쿠바)

(3) ITO 설립 "하바나 헌장"에 대한 찬반 논쟁

미국에서는 하바나 헌장의 의회 비준을 놓고 치열한 찬반 논의가 진행되었다. 반대론자들은 하바나 헌장이 각국의 정책에 깊이 관여하고, 내용도 모순적이며 모호하기 때문에 그 의미를 상실했다고 비판했다. 그리고 미국 협상가들이 합의에 도달해야 한다는 생각에 지나치게 집착한 나머지 당초 목적에서 벗어나

다른 나라의 입장을 과도하게 반영하여 헌장이 목적하는 중요한 원칙에서도 벗어나 버렸다고 평가했다.

① 회원국들간 진정한 합의가 있었는가?

찬성론자들은 헌장의 자세한 내용과 복잡한 규정에도 불구하고 회원국들간 합의도출을 높이 평가했다. 다만, 일반적인 조항과 함께 불가피하게 각 회원국의 개별적인 상황과 문제도 고려할 수밖에 없다고 주장했다.

그러나 반대론자들은 헌장에 포함된 예외조항과 모순적인 내용 등은 진정한 합의가 없다는 반증이라고 보았다. 헌장내용이 길고, 모순적이고, 모호한 것이 많은데 이는 기본토대에 대한 실질적인 합의가 없다는 것이다. 최대한 많은 국가들이 수용하고 각 국가들의 이해관계를 만족시키려 예외조항을 많이 두게 되었는데, 이는 결국 국제기구로부터 자국의 권한을 침해받지 않으려고 모순적인 조항들을 뒤범벅시켜 놓은 결과를 초래했다고 보았다.

② 근본적인 문제에 대한 해결책을 제시하고 있는가?

찬성론자들은 헌장에서 제시한 각국의 책무는 국제적인 논의와 협상을 통해서 무역문제를 해결하기 위한 도전을 제시한 것이라고 주장한다. 여러 예외조항을 두고 있지만 국제적인 합의는 쿼터, 보조금, 특혜조치, 환율 통제 등의 무역제한조치와 차별조치의 사용을 포기하도록 하는 중요한 장치라고 본다. 단기적으로 예외조치가 허용되지만 기본원칙에 대한 합의, 장기적 목표인 무역에 있어서 무차별주의를 확대하고자 한다는 점에서 중요한 의미가 있다고 주장한다.

그러나 반대론자들은 문제에 대한 해결책이 아니라 단지 문제의 심각성을 완화하는 데 불과한 것으로 본다. 문제의 근본원인에 대해 분석하기보다는 문제가 야기하는 정책수단(수량제한, 환율통제 등)에 지나치게 집중하고 있다. 국제무역에서 발생하고 있는 불균형 문제의 본질은 영국과 비교한 미국의 상대적인 위상의 변화라는 것이다. 유럽과 미국간의 무역이 줄어들고 있는 것은, 서부 유럽국가들이 필요한 상품을 수입할 만큼 수출이 충분하지 못해서 외환문제가 발생하고 있으며 이로 인해 어쩔 수 없이 수입제한 조치를 하고 있다고 보았다. 따라서 이러한 근본적인 문제를 다루지 않으면서 피상적인 무역조치에만 집중하는 것은 문제의 본질에서 벗어나 있다는 것이다. 유럽의 재건과 파운드화를 국제통화로 회복시키는 것이 무역 및 금융분야에서의 불균형 문제를 해결하는 근본적인 방안이라고 보았다. 이러한 문제를 해결하기 전에 헌장과 같은 법률적인 문서는 의미가 없으며 하지 않는 것을 하는 것으로 잘못된 인상을 줌으로써 오히려 문제 상황을 간과하게 만들 수 있다는 것이다.

③ 상호 모순적인 자유시장체제와 국가계획체제를 국제협정으로 통합하려는 시도가 적절한가?

찬성론자들도 하바나 헌장이 완벽하지 않다는 것을 인정한다. 그러나 원하는 것을 전부 얻을 수 없다는 이유로 생각이 다른 나라들과 협력을 하지 말아야 하는 것은 아니라고 주장한다.

모든 합의의 핵심은 타협이며 하바나 헌장 역시 타협의 결과로써 모든 나라가 국제적 규범을 원하고 있다는 점을 보여주고 있다는 점이다. 헌장이 쿼터, 특혜조치 등을 예외적으로 허용하고 있지만 궁극적으로는 상황이 나아질 경우에 그러한 조치들을 포기할 것이라는 목표에 합의했다는 점이다. 각국의 약속이 다소 약하더라도 없는 것보다 낫다. 개도국의 경제발전을 위한 고용 및 투자 관련 예외조항이 없었더라면 합의자체가 불가능했을 것이다. 현재의 헌장이 당초 미국이 제안한 초안에 비해 완화된 것은 개도국들의 입장을 반영하기 위한 불가피한 타협이라는 점이다. 헌장을 거부하면 결국 무역분쟁 발생시 국제적 협의를 할 아무런 시스템이 없게 되는데, 협의나 협상을 할 수 있는 것이 보복과 경제전쟁을 하는 것보다 낫다는 것이다.

그러나 반대론자들은 자유시장경제와 국가통제경제간의 타협할 수 없는 근본적인 차이를 강조한다. 하바나 헌장은 이러한 두 체제의 실질적인 타협에는 영향을 줄 수 없다고 생각했다. 협상에 참여했던 많은 나라들이 이미 사회주의 경제체제에 눈을 뜨게 되었고 매력을 느끼고 있다. 이러한 상황에서 많은 예외를 인정하면서 헌장이 채택된다면 국가통제를 영구화할 것이며 과거보다 통제경제를 더 공고히 하게 될 것이라고 보았다. 헌장에 담긴 타협안은 미국이 그러한 국가통제경제에 대한 양보일 뿐 향후에도 그들은 변화하지 않아 결국 일방적인 타협이 될 것이라고 보았다.

④ 일반적인 원칙중심의 단순한 것이 바람직하지 않은가?

찬성론자는 몇 개의 일반원칙에만 합의하는 것은 효과적이지 않다고 본다. 구체적인 사례가 발생하는 경우에 원칙을 해석해야 할 때 문제가 발생하며, 과거에도 이러한 경험을 했기에 해석으로 문제를 해결하는 것은 성공적이지 않았다고 본다.

그러나 반대론자들은 너무 구체적인 내용에 합의를 추진하다 보면 예외규정과 모호한 기준이 만들어져 내용이 불분명해지고 무색무취해진다고 보았다. 찬성론자와 마찬가지로 헌장의 내용이 복잡해진 것은 다루려고 하는 이슈 자체의 특성에서 비롯한다는 점에 일부 공감하면서도 협상 결과는 타협의 산물이 아니라, 지나치게 다른 나라들이 원하는 방향으로 만들어졌다는 것이다. 예외조항을 통해 그들이 원하는 수입제한, 특혜조치 등을 유지하도록 하여 그들의 의도를 성공적으로 관철시키는 결과만 초래했다. 그리고 본질적으로 ITO는 특정 국가를 강제할 권한이 없어서 가능한 수단은 설득과 여론을 통한 압박뿐인데, 이러한 정도라면 일반적인 원칙과 이에 대한 약속으로 충분할 것이다. 여러 가지 구체적인 내용을 헌장에 담고자 하는 것은 득보다 실이 더 많다. ITO의 실질적인 운영은 다른 국제기구와 같이 문제가 되는 이슈에 대해서 정기적으로 토론하고 분쟁해결을 원활히 하는 시스템을 제공해 줄 뿐이다. 합리적인 사람들이라면 국가들 간의 다른 의견에 대해서 무력이 아닌 평화적인 협의와 타협으로 해결방안을 모색하는 시스템이 있어야 한다고 생각한다. 그러나 이러한 기능을 위해서라면 기본원칙에 대한 일반적인 조항으

로 시작해서 유능한 사무국 직원으로 연구·조사를 하도록 하는
규정과 일방적 조치 전에 서로 토론한다는 약속 정도면 될 것이
다. 그러면 헌장에 대한 재협상도 쉽게 된다는 입장이다.

⑤ 미국의 위상에 어떠한 영향을 미칠 것인가?

반대론자들은 미국이 헌장의 회원국이 되면 따라야 할 절차
가 더 생겨 구속이 될 것이라고 보았다. 헌장내용의 복잡성과 모
호함으로 인해 미국이 국익을 위해 필요한 조치를 취하고자 할
때 절차가 지체되고 시간이 더 소요될 것이다. 그리고 국수주의
적인 나라가 ITO 회원국의 대다수를 차지함으로써, 미국은 무차
별 대우를 약속한 반면 그들 국가는 차별적 조치를 요구하게 될
것이다. 미국이 적절한 조치를 하더라도 그들 국가는 미국이 일
방적 조치를 할 수 있는 권한을 자발적으로 포기했다고 보아 이
를 보복으로 간주할 수도 있다. 하바나 헌장은 당초 미국의 제안
과 많이 달라졌기 때문에 헌장을 거부하더라도 미국은 경제적으
로나 도덕적으로 문제가 될 것이 없다고 주장한다.

반면, 찬성론자들은 미국이 ITO의 회원국이 되면서 협상력
이나 국제적 영향력이 약화될 것이라는 점을 부정한다. 미국을
포함한 모든 나라는 헌장에서 탈퇴할 수 있으며 아무도 강요할
수 없다. ITO는 국가들간 상호협의를 통해 경제문제를 해결하기
위한 자발적인 국제기구가 될 것이다. ITO의 권한은 제한적이라
고 본다.

⑥ 국가간 원자재협정 관련 조항이 미국의 이익과 일치하는가?

반대론자들은 민간 카르텔은 제재하면서 원자재협정 형태로 국가간에는 이를 허용한 것은 문제라고 본다. 그리고 하바나 헌장은 근본적으로 국가 사회주의적인 방향으로 흐르고 있다고 보았다. 필요한 경우 일정기간 소비를 진작하고 새로운 산업분야로 인력과 재원을 재조정하기 위한 조치도 허용하고 있는데 1차 산업의 생산을 고려하면서 2차 산업의 발전을 위한 경우도 포함했기 때문이다.

이러한 논쟁은 찬성론자들을 심하게 자극했다. 헌장은 자유경제와 계획경제간의 타협이다. 다른 나라가 자신들이 원하는 대로 하지 못하기 때문에 우리와 협력할 수 없다고 해서, 우리도 그들과 협력하지 말아야 한다는 주장은 비논리적이다. 비록 헌장이 원자재협정 자체를 불법화하지 않았지만 그 운영에 있어 원칙을 제안하고 있다. 헌장은 원자재 협정이 운영되기 위해서 극복해야 할 여러 가지 과제를 제시하였고 소비자를 위한 일련이 안전장치를 요구하고 있다. 미국은 원자재협정을 허용하지 않으려고 했으나 그렇게 하면 어느 나라도 헌장을 수용하지 않았을 것이다.

⑦ 헌장은 미국의 민간투자자들에게 도움이 될까?

찬성론자들은 경제개발과 관련된 헌장의 조항이 해외투자를 활성화시킨다는 보장은 없지만 최소한 기존의 투자에 대해 해를 끼치지는 않을 것이라고 본다. 투자조항은 미국 기업들의 주장으로 포함되었다는 점이다. 투자조항은 미국이 제안한 당초 초안에는 포함되어 있지 않았으나 미국의 제조업협회 및 국가통상위원회의 주장에 의해서 제네바 회의에서 처음 포함되었다.

반면, 반대론자들은 경제발전 과정에서 외국의 부를 활용할 수 있는 일종의 도덕적 권한을 저개발 국가에게 안겨준 것으로 평가한다. 그동안의 협상과정에서 저개발 국가들이 헌장에 참여하기 위해서는 유치산업 보호를 위한 관세 및 쿼터제도를 포기하라는 압력을 받았었다. 그러나 이제는 개도국이 그러한 권한을 포기하지 않으면서도 외국인 투자에 대하여 국유화조치도 할 수 있게 되었다. 선진국은 자국의 투자에 대한 보호장치도 상실하면서 개도국에게 선진국으로부터 투자펀드를 받을 수 있는 도덕적 권한까지 준 것은 문제라고 보았다. 예를 들어 헌장에서는 투자유치국이 해외투자분을 국유화하고 자국통화로도 보상을 할 수도 있는 것처럼 되어 있는데, 미국의 투자에 대해 달러로 환전될 수 없는 자국 통화로 보상할 수 있게 해줌으로써 투자자 보호가 모호한 상황이 되었다고 생각한다. 유치산업보호를 위해 무역을 제한할 수 있는 권리도 유지시켜 줌으로써 무역자유화를 더 촉진시키려는 ITO의 근본목적에 반한다고 주장한다.

⑧ 헌장이 무역을 확대시킬 것인지?

찬성론자들은 무역장벽 완화를 장려함으로써 무역확대가 가능하다고 본다. ITO하에서 국제적인 규범을 통해 무역에 매우 부정적인 많은 조치들을 제거하거나 최소한 통제함으로써 진정한 국제협력의 정신하에 무역문제를 다룰 수 있는 국제기구를 제공한다고 보았다. 현재 여러 나라가 다양한 형태의 통관운영 관행을 가지고 있어 서로 상충되기도 하고 그 해석도 명확하지 않아 무역장벽으로 작용하고 있는데, 헌장은 이러한 관행을 단순화하도록 권장하여 결국 일부의 장벽들을 제거할 수 있다. 뿐만 아니라 헌장은 많은 나라를 회원국으로 하여 원자재협정, 카르텔, 완전고용, 경제개발 등 광범위한 내용을 다루고 있어 상호주의에 입각한 무역협정을 확대할 수 있는 여건을 제공하고 있다. 헌장의 제4장은 회원국들이 무역장벽을 낮추기 위한 협상도 규정하고 있다.

반면 반대론자들은 무역장벽 완화를 장려하지만 헌장에 포함된 수많은 예외조항으로 인해 실질적으로 무역확대에 기여하지 못할 것이라고 주장한다. 그리고 미국은 제3차 관세인하 협상을 해야 한다. 제네바와 앙시에서의 제1, 2차 관세협상으로 이미 미국 내 일부 분야에서 피해를 봤으며 소규모 산업분야의 생산자들이 유럽기업들과의 경쟁압력을 느끼고 있다. 만일 관세가 추가로 더 인하된다면 이로 인한 경쟁은 미국의 생산자들에게 피해를 주게 될 것이며 결과적으로 고용과 시장의 변화가 불가피해질 것이다.

⑨ ITO는 효과적인 제재수단을 가질 수 있을까?

찬성론자도 ITO의 법적인 권한의 부족을 인정한다. 그러나 ITO 총회를 통해 위반사항에 대한 여론의 관심을 유도함으로써 제재하는 점을 강조한다. 조사가 끝나기 전에 헌장에 반하는 행위에 대한 효과적인 고려가 가능하며, 어떠한 회원국도 다른 회원국의 행위로 손해를 본다면 헌장에서 규정한 조항에 따라 특별 조사를 할 권한도 있다.

반대론자들은 헌장을 실행할 중앙집권적인 권한을 마련하지 못한다면 나머지 제재란 사실상 아무런 의미가 없다고 본다. 다른 나라의 이해를 침해하는 행위에 대해 언제나 조사는 가능하고 불리한 결정도 할 수 있지만 그 나라가 탈퇴하면 그만인 것이다.

⑩ 헌장이 경기순환을 완화시키는 효과적인 장치가 될 수 있을까?

찬성론자들은 ITO는 IMF와 IBRD의 성공적 운영을 위한 필요조건이라고 본다. 미국이 IMF와 IBRD 설립을 제안하였고, 이들 국제기구를 비준하여 금융에 있어 미국의 책임을 보여주었다. 이제는 세계 경제회복을 위해 무역의 확대가 필요한데 ITO 설립은 무역장벽의 제거와 무역관행을 통제하기 위한 것이었다. ITO는 IMF와 IBRD 보완적인 요소로 ITO 헌장이 비준되면 미국은 국제통화문제를 해결할 중요한 기여를 할 뿐만 아니라 무역확대를 위한 적절한 여건도 조성하게 된다.

반면, 반대론자는 미국은 항상 국제 경제협정에서 베푸는 입장에 있으며 동등하게 혜택을 누리지 못했다. IMF와 IBRD 설립에 있어서도 미국은 최전방에서 역할을 했고 유럽재건프로그램이 가능하도록 했으며 장기적인 지원을 시작할 것이다. 미국의 이해관계는 전후 국제기구의 조직과 활동에 적극적으로 참여하는 것이지만 반드시 또 다른 국제기구가 필요한 것은 아니다. 즉 ITO는 다른 국제기구의 성공을 위한 필수 요소는 아니라고 보았다.

(4) 미의회 비준 실패

1949년 4월 미국 행정부는 마침내 헌장안을 의회에 제출하였다. 그 당시 미국 내 보호주의자와 자유무역주의자들간에 비공식연합이 이루어졌는데 비준을 반대하는 것으로 결정하였다. 일부 기업가들과 노조, 농장국, 경제개발위, 국가기획협회 등은 비준을 지지한 반면, 기존의 보호주의자뿐만 아니라 자유무역을 지지하였던 조직들이 분열되어 미국상공회의소, 제조업협회, 국가무역위, 국제상공회의소는 입장을 바꾸어 반대입장으로 선회하였다. 이들은 헌장이 무역자유화 원칙을 이행하는 데 실패할 것이라고 보았다.

종합하면 ITO는 미국에게 의무를 부과하면서 다른 나라들에는 헌장의 허점을 이용할 수 있도록 허용했기 때문에 특별한 가치가 없다고 본 것이다. 결국, 헌장이 균형 확보에 실패한 타협이라기보다는 미국의 이해에 반하는 방법으로 타 회원국이 완전고용을 위해 정부의 기획을 인정하는 "위험한 문서"로 비난한 것이다.

다만, 중요한 성과의 하나는 좁은 의미의 관세인하 협정인 GATT가 하바나 협정협상이 끝나기 전에 타결된 것이었다. GATT는 ITO헌장의 관세인하 협상규정에 근거해서 만들어졌지만 GATT 발효에 ITO 비준을 전제조건으로 하지 않았다. 따라서 미국은 GATT를 통해 새로운 국내입법 없이 대통령의 상호무역협정법 및 그 후속 조치의 권한, 즉 행정부의 권한만으로 관세인하 협상을 할 수 있게 되었다. 아이러니 하게도 GATT는 하바나 헌장의 일부로 계획되었지만 실제로는 ITO의 대안으로도 활용된 것이다. 만일 우루과이 라운드와 같이 "일괄수용(single undertaking)"원칙을 적용했더라면 모든 상황은 전혀 달라졌을 것이다.

2. ITO를 대신한 GATT 50년(8차례 라운드)

GATT(관세 및 무역에 관한 일반협정)는 ITO 설립을 위한 하바나 헌장의 한 부분으로 제17조 제3항에 언급되어 있었으며 일종의 계약이었지 국제기구는 아니었다. GATT는 총 3장으로 구성되었고, 향후 하바나 헌장이 발효되어 ITO가 설립될 경우를 전제로 하여 GATT 제29조는 "이 협정의 제2장은 하바나 헌장의 효력이 발생하는 날에 정지한다"고 명시하고 있어 잠정조치였음을 보여주고 있다. 잠정 조치로 합의한 GATT 제2장과 원래 하바나 헌장 제2장의 주요 차이점은 "국내고용 정책에 대한 제한, 국제 카르텔 금지 등에 관한 규정"이 빠진 것이다. 그러나 당시 예측과 달리 하바나 헌장은 영원히 발효되지 못함으로써 WTO 설립까지 약 50년 동안까지는 GATT체제로 운영되었다.

GATT체제가 성립한 1947년에서 1994년까지 8차례의 다자간 관세 및 무역협상이 진행되었다. 1차 제네바 관세협상(1947), 2차 앙시 관세협상(1949), 3차 토키(Torquay) 관세협상(1950-1951), 4차 제네바 관세협상(1956), 5차 제네바 관세협상(일명 딜론 라운드, 1960-1961), 6차 케네디 라운드(1964-1967), 7차 도쿄라운드(1973-1979), 8차 우루과이 라운드(1986-1994)였다. 초기 4차례의 협상은 협상이 이루어진 장소에 따라 명명되었으며 라운드라고도 불린다. 이후 두 차례의 라운드는 협상에 기여한 인물의 이름(미국 국무성 부장관 Douglas Dillon, 미국의 대통령 J.F. Kennedy)을 따서 불리고 있다. 그리고 마지막 두 차례 라운드는 협상개시를 선언한 각료회의 장소를 라운드 명칭으로 사용하고 있다.

　　1947년 1차 제네바 협상은 앞서 설명한 바와 같이 ITO 헌장을 준비하는 과정에서, UN의 경제사회이사회가 지명한 준비위원회 23개 참여국이 미국의 관세인하 및 무역장벽 완화 협상제안을 수용하면서 이루어졌다.

　　2차 앙시 협상은 11개국의 GATT 가입신청으로 기존 체약국들과 협상이 시작되었는데 이 중 9개 국가(덴마크, 도미니카, 핀란드, 그리스, 하이티, 이탈리아, 나카라과, 스웨덴, 우루과이)만이 회원국이 되었다. 3차 토키 협상도 6개국(오스트리아, 독일, 한국, 페루, 필리핀, 터어키)의 GATT 가입협상과 함께 기존 체약국들간에도 추가적인 협상으로 이루어졌다. 6개국 중 한국과 필리핀은 가입협상이 완료되지 못하고 이후 새로운 가입협상을 통해 GATT에 가입하게 되었다.[6]

　　4차 제네바 협상(1956)은 처음에 39개 체약국 중 25개 국가만 참여하였다. 동 협상은 추가 회원국 가입으로 시작된 것이 아니라 두 국가 이상이 언제든지 협상을 할 수 있다는 GATT의 "체약국에 의해 만들어진 절차"에 따라 이루어졌다. 이후 주요 교역국이 협상에 참여하고 양허를 교환함으로써, 동 협상도 다자간 라운드가 되었다.

　　5차 제네바 협상(1960–1961) 또는 딜론 라운드는 초기 EEC(European Economic Community)가 6개국으로 구성되면서 시작되었다. 협상 전반부는 GATT 24.6조에 따른 EEC와의 재협상이었고, 후반부는 기존 체약국들간의 새로운 양허를 위한 협상이었다. 후반부에는 역시 가입을 희망한 국가들과의 협상도 포함되었다.

---

6) 우리나라는 1967년에 GATT에 정식 가입하였다.

6차 케네디라운드는 포괄적인 범위에서 관세인하를 위한 주요한 시도였다. 이 당시 반덤핑에 관한 복수국간 협상이 이루어졌고, 비록 성공하지는 못했지만 농업보호에 관한 협상이 시도되었다. 라운드의 핵심은 여전히 관세인하 협상이었다.

7차 도쿄라운드에서 관세협상이 중요하기는 했지만 비관세장벽 협상도 동등한 수준으로 중요하게 다루어졌다. GATT 1947은 협상을 관세로만 한정하지 않아 수출입 독점으로 인한 수량제한 및 보호주의 이슈 등도 다루어질 수 있었다. 도쿄라운드에서 최초로 여러 비관세장벽에 관한 협상이 성공적으로 이루어졌다. 그리고 개도국에 대한 우대조치, 분쟁해결 및 국제수지 보호조치 등 기본적이고 프레임적인 이슈에 대한 양해도 합의하였다.

8차 우루과이라운드에서는 처음부터 상품교역보다는 서비스와 지적재산권에 관한 협상에 더 관심이 집중되었다. 상품분야에서는 농업협상이 라운드 전 기간 동안 중심이슈가 되었다. 공산품 관세협상은 라운드의 핵심성과로 평가되고 있지는 않지만 전체적으로 라운드의 성공에 기여를 했다.

3. WTO 설립의 산파역할을 한 우루과이라운드

(1) 동서냉전의 종식과 우루과이 협상

70년대 세계경제의 불균형, 유가 파동과 연계된 보호주의가 우루과이 라운드의 계기를 제공했다. 다시 미국이 협상을 주도하였는데 자국 기업들이 해외시장에 더 많이 진출할 수 있도록 하는 것이 목적이었으며, 협상범위를 농업, 서비스 분야로 확대하고, 지적재산권, 해외투자 분야의 문제점도 개선하고 싶었다.

| 우루과이라운드

그러나 미국이 1982년 GATT 장관회의에서 새로운 다자 라운드를 제안하였으나 회원국으로부터 지지를 얻지 못했다. 유럽은 미국의 농업부문 자유화 요구를 경계하고 있었고, 개도국들은 협상범위를 새로운 이슈로 확대함에 따라 수출시장인 선진국 시장개방에 대한 관심이 흐려질 것을 걱정하고 있었기 때문이었다.

그러자 미국의 레이건 행정부는 다른 접근방법을 시도했다. 이스라엘, 캐나다와 양자무역협정을 추진하여 다자협상이 안 되면 양자협상을 통해 대응하겠다는 메시지를 전달하려고 했다. 이러한 대응의 결과 주요 개도국의 반대를 극복하고 비로소 1986년 푼타델 에스테에서 우루과이라운드 협상개시를 선언했다.

미국은 농업분야에서 경쟁력을 지니게 되면서 모든 농업분야 보호조치와 보조금 철폐를 주장하였는데, 유럽은 이에 대해 동의하지 않고 제한된 철폐를 대안으로 제시했다. 또 다른 농산

물 수출업자인 케언즈 그룹도 농업보조금의 축소를 주장했지만
미국이 요구하는 서비스분야 자유화는 거절하였다. 즉 케언즈 그
룹은 농업보조금 축소에만 관심이 있었던 것이다. 미국과 유럽을
포함한 기타 선진국들은 급성장하고 있는 서비스분야와 지적재
산권 분야에서 무역규정을 현대화하고 싶었다. 역동적인 일부 서
구 기업들은 제약, 금융, 은행 분야에서 선두주자들이었고, 선진
국 정부는 그들에게 해외사업의 기회를 확대해 주고자 했다. 반
면 개도국의 최우선 관심사는 선진국이 GATT로부터 보호하고
있던 농업과 섬유분야였다. 라틴아메리카, 아시아, 아프리카의
농민과 의류제조업자들은 선진국 시장 접근을 막는 장애물들을
제거하기를 원했으며 특히, 섬유수입에 부과하고 있던 복잡한 수
량제한의 철폐를 희망했다.

　이와 같이 미국과 유럽의 이해가 완전히 맞아 떨어지지는
않았지만, 유럽도 뉴 라운드를 통해서 얻고자 하는 것이 상당부
분 있었기에 협상개시가 가능했다. 더 중요하고 다행스러웠던 것
은 협상이 진행중이던 과정에 40여 년 지속되었던 동서냉전이
종식되었다는 점이다. 베를린 장벽의 붕괴와 이은 소련의 해체
로 러시아와 위성국가들이 자유시장제도를 도입하기 시작했고,
아시아의 호랑이로 불리는 한국, 대만, 홍콩, 싱가포르의 부상으
로 여타 개도국들은 정부통제 및 수입대체 정책에 기반한 과거
정책을 포기했다. 일부 개도국들은 시장경제제도가 그간의 경제
침체 문제를 해결해 줄 것을 기대하면서 일방적으로 무역장벽을
완화하기도 했다. 예를 들면, 브라질은 1987년 57.5%였던 평균관
세를 1993년에 13%로 인하했다. 아르헨티나도 40%에서 9%로 인

하했다.7) 이러한 나라들은 자국에 유리한 무역규정을 희망하며 적극적으로 협상에 참여했던 것이다.

(2) 협상 타결과 미의회 비준

7년간 협상을 거쳐 1993년 12월 중순 우루과이라운드는 막바지로 치닫고 있었다. 그해 7월에 GATT의 사무총장이 된 피터 서덜랜드가 12월 15일을 협상시한으로 설정했다. 그는 더 이상의 협상연장은 없다고 했다. 만일 협상이 다시 한 번 타협에 이르지 못한다면 우루과이 협상은 실패를 선언해야 한다고 경고했다.

한 가지 가장 민감한 이슈이면서 전체협상을 위협하는 것이 있었다. 유럽은 국내 영화산업을 보호하기 위해서 TV 네트워크를 통해 방송될 수 있는 외국영화의 수를 제한하려고 했다. 그러나 클린턴 대통령은 영화계 거물들에게 유럽시장 개방을 약속했었는데 그들 중 일부는 거금의 정치 기부금을 냈다. 미국은 협상 막바지 단계에 할리우드 인사들을 제네바에 이끌고 와서 미국 영화계가 동 이슈에 대하여 얼마나 신경을 쓰고 있는지를 강조하고 있었다.

이러한 상황 속에서 유럽은 이번 협상에서 의미 있는 이득을 얻었는지가 분명하지 않았다. 유럽은 미국보다는 적지만 지적재산권 보호와 서비스 분야 무역 자유화를 통해서 이득을 얻었지만 일부 협상결과에 대해서는 여전히 상당한 저항이 있었다. 유럽 농민들이 계속해서 농업자유화에 반대하고 있었다. 그

---

7) 그러나 두 나라 모두 GATT체제하에서 양허한 높은 관세수준은 유지하면서 실행관세만 낮춘 것이다.

리고 프랑스 정부는 "문화적 제국주의"를 이유로 미국에 비해 취약한 자국의 영화시장 자유화에 반대하였다. 미국은 이러한 분야에서 유럽과 합의를 도출해야만 우루과이 라운드를 타결할 수 있었다.

이러한 상황에서 다행히 두 가지 요소가 협상 타결에 도움이 되었다. 첫째, 유럽이 저항했던 농업과 문화 이슈에 대해서 유독 한 국가만 강력하게 반대했었는데 그 나라가 프랑스였다. 그러나 프랑스는 유럽 내 통화통합에 강한 의지를 가지고 있었고 1992~1993년에 걸쳐 발생했던 유럽통화시스템 문제 해결을 위해서는 독일의 지원이 필요했다. 독일과 여타 유럽 국가들은 무역이슈에서 프랑스의 양보를 원하고 있었기에 상호 타협이 가능할 수 있었다. 둘째, 클린턴 행정부는 부시 행정부와 같이 농업부문에서 유럽의 양보가 없으면 협상테이블에서 떠나겠다는 신호를 보냈다. 그리고 NAFTA 협상과 APEC에 대한 관심을 높이면서 다자협상이 실패하면 지역협정을 대안으로 활용할 수도 있다는 의지도 비쳤다.

협상의 마지막 대치는 제네바 미국 대표부에서 계속되었는데, 켄터 USTR과 브리턴 EC 무역담당 장관과의 회의는 수일 동안 지속되었는데 1993년 12월 14일 새벽까지 계속되었다. 미국 대표부 2층에서는 영화계 관계자들이 계속 미국협상가와 만나면서 강한 입장을 견지하라고 촉구하였고 프랑스정부도 이에 못지않게 미국의 요구에 맞서고 있었다.

협상에 지친 켄터는 시한을 하루 남긴 상황에서 전화로 클린턴 대통령에게 영화분야 협상이 어렵게 되고 있다고 설명했다. 그

러자, 클린턴은 켄터에게 영화산업계의 대부인 Lew Wasserman에
게 상황을 전화로 설명해 줄 것을 요청했다.

　이에 Wasserman은 "이번이 가장 큰 무역협상이 아닌가요?
우리나라의 이익과 관련되지요?"라고 물었고 켄터는 "그렇다"
라고 대답했다. 그러자 Wasserman은 "영화이슈는 괜찮다. 기
술적 발전(VOD 등)으로 유럽이 우리를 계속 유럽 밖으로 둘
수 없을 것이기에 결국 우리가 이 산업을 차지하게 될 것이
다"라고 했다.

　이렇게 해서 영화산업 문제는 정리가 되고, 서덜랜드 사무총
장은 우루과이 라운드협상의 종결을 선언했다.

　우루과이라운드의 특징은 첫째, 이전 라운드까지는 각 회원
국이 여러 합의된 협정 중에 원하는 것들만 고르는 "선택적 방식
(a la carte)"이었으나, 우루과이라운드에서는 모든 협정을 한꺼번
에 받아들이는 "일괄수용(single undertaking)"원칙을 적용했다. 다
만, 개도국은 선진국에 비해 더 적은 관세인하와 긴 이행기간 등
특혜를 누릴 수 있었다.

　둘째, 우루과이 협상은 농업, 지적재산권, 서비스, 보건기준
등을 포함해 훨씬 더 넓은 영역을 다룰 뿐만 아니라, 분쟁절차를
보다 효율적으로 진행하고 그 결정에도 더욱 강력한 효력을 지니
게 하였다. 1장에서 보았듯이 새로운 분쟁해결 규정에 따르면 이
전과 달리 특정 국가가 패널 설치를 반대하거나 그들에게 불리한
판정에 대하여 반대를 하더라도 패널 설치나 결정을 막을 수 없
게 되었다. 분쟁해결 절차에는 "역 만장일치(Negative Consensus)"

방식이 도입되어 모든 나라가 반대하지 않으면 반대할 수 없는 것이다. 다만, 이전과 달리 패널 결정에 불복하는 경우 새로이 만들어지는 7인의 상소기구에 제소할 수 있게 하였다. 패널과 상소기구를 두는 2심 제도를 도입한 것이다. 그리고 상소기구 결정은 최종적이다. 패소국은 상소기구 결정을 이행해야 하는데, 국내 사법제도와 같은 강제집행력은 주어지지 않았다. 다만, 패소국이 상소기구 결정을 이행하지 않을 경우 승소한 국가가 패소한 국가에게 상응한 보복조치를 할 수 있도록 허용하였다. 이러한 보복조치로 어느 정도 강제력을 부여할 수 있지만 승소국가의 경제력 등의 상황에 따라 보복조치의 정도가 결정된다는 점에서 한계8)는 있었다.

　WTO 설립을 포함한 우루과이라운드 합의사항에 대한 미의회 비준과정은 결코 순탄치 않았다. 우루과이라운드 협정은 기존의 GATT에 새로운 다자협정의무와 WTO 설립을 단순히 통합하는 이상이었다. 반대의 핵심은 WTO 결정은 미국의 국내법 변경을 강제할 수 있고, 다수결9)에 의해 특정 국가의 이해에 반하는 방향으로 규정을 바꿀 수 있다는 위험이었다. 그러나 결국에는 지지자측이 승리하여 1994년말 미 의회는 협정을 비준하였다.

---

8) 안티구아 바베이도스와 미국간 온라인 도박관련 분쟁(2003)에서 안티구아 바베이도스가 승소하였다. 그러나 패소한 미국이 패널결정을 이행하지 않았음에도 약소국가인 안티구아 바베이도스가 할 수 있는 보복조치는 마땅치 않았다.
9) WTO 설립 마라케쉬 협정 제9조에서는 각료회의 또는 일반이사회 결정을 다수결로 할 수 있도록 하였다.

분쟁검토 위원회

WTO 미 의회 비준관련 해서 우리의 관심을 끄는 부분 중의 하나가 미 상원 Bob Dole 의원에 의해서 추진되었던 "분쟁검토위원회" 설치 법안이다. 동 위원회는 5명의 연방상소법원 판사로 구성하여 미국에 반하는 모든 WTO 패널 보고서를 검토하도록 했다. 만일 특정 5년 동안 WTO 권한을 넘거나 자의적으로 결정한 것이 3개가 나오면 어느 의원이라도 미국을 WTO에서 탈퇴하도록 하는 합동결정을 제안할 수 있도록 했다. 한편, Newt Gingrich 대표는 의회가 매 5년마다 탈퇴여부를 표결할 수 있는 규정까지 제안했었다. 동 법안은 WTO에 의한 미국의 권한이 제한받을 경우를 우려한 것이다. Bob Dole 의원은 동 법안을 104대 국회에 제출하였으나 통과되지 못했다. 이후 공교롭게도 Dole 의원이 1996년 의원직을 잃었고 105대 국회(1997년 1월)에서 Ralph Regula 의원에 의해 동 법안이 다시 제출되었으나 1997년 7월까지 통과되지 못해 자동 폐기되었다.

(3) 우루과이라운드 협상 막판에 등장한 WTO 설립 이슈

WTO 이슈는 우루과이라운드가 출범할 당시뿐만 아니라 협상의 후반까지도 전혀 논의되지 않았었다. 그러나 1989년 베를린 장벽이 무너지고 동서냉전이 종식되는 무렵에 갑자기 등장한다. 이에 대해서는 존 잭슨 교수를 빼놓고 얘기할 수 없다.

1960년대 미시간 법대 교수였던 존 잭슨은 GATT에 관심이 많았고 제네바 GATT 사무국에서 근무한 경험도 있었다. 닉슨행정부 시절에는 USTR에서 근무하면서 GATT를 심각하게 위협하는 문제들을 직접 경험하였고 1970년대 후반 학계로 돌아온 이후 "자유무역시스템의 허물어져가는 기관"이라는 제목의 논문을 썼고, 우루과이라운드 후반에는 이러한 문제를 다루는 논의에 직접 참여하는 기회도 얻었다.

그는 우루과이라운드가 성공하기를 희망했다. 그러나 도쿄라운드 이후 새로운 다자협정들이 추가됨으로써 이미 벌집이 되어 있는 GATT를 우루과이라운드가 더욱 혼란스럽게 만들지 않을까 우려했다. 그리고 그는 1990년 GATT라는 약한 체제를 강력한 권한을 지닌 국제기구로 대체하는 방안을 담은 "Restructuring the GATT system"이라는 책을 썼다. 그 책에서 무역에 관한 새로운 국제기구로 WTO 설립과 동시에 보다 강력한 분쟁해결절차로서 최종판정을 패소국도 반대할 수 없는 새로운 시스템을 제시했다.

캐나다의 John Crosbie 통상장관은 이러한 존 잭슨 교수의 WTO 아이디어를 우루과이라운드 협상의 최종단계인 1990년 4월에 공식적으로 제안했다. 이후 GATT 사무총장이었던 던켈이 마련한 "던켈 초안"에도 이러한 제안이 포함되었다.

그러나 WTO 설립은 미국에게 40년 전 ITO의 악몽을 떠올리지 않을 수 없게 하였다. 그 당시와 같이 의회에서 반대할 수 있었기 때문이었다. 강력한 집행력을 가진 국제무역기구는 미국의 주권 침해를 우려하는 사람들에게는 비판의 이유가 될 수 있었다. 반면, WTO 설립은 우루과이 라운드 타결을 위해 EU를 포함한 협상국들과의 복잡한 이해관계를 정리하고 현실적 타협을 모색할 수 있는 매우 유용한 방안이었다. 왜냐하면 EU는 1980년대 이후 계속되는 미국의 일방주의에 대항하기 위한 방안을 고심하고 있었는데 강력한 국제기구가 그러한 역할을 할 수 있다고 생각하고 있었기 때문이다. 따라서 이러한 점은 미국이 농업부문에서 EU의 양보와 개도국들에게는 서비스 및 지적재산권 분야의 협상결과를 수용하게 하는 반대급부로 활용될 수 있었던 것이다.

　미국의 최종 입장은 전자의 우려보다는 후자의 현실적 도움을 선택하는 쪽으로 기울어졌다. 그러나 마지막 순간까지 기구의 명칭에 대해서는 매우 신중했다. EU는 국제기구의 명칭으로 MTO(Multilateral Trade Organization)를 원했지만 미국은 이에 반대하였고 M 대신에 World를 원했다. 다만, 너무 늦게 명칭에 대한 합의가 이루어져 1993년 12월 15일 New York Times에는 "새로운 국제기구 MTO가 GATT를 대체할 것이다"라고 보도되었다.

▌1995년 당시 WTO 본관 건물 "The Centre William Rappard"

4. WTO는 무엇이 ITO와 달랐는가?

미국의 주도로 1947년 합의했던 ITO 하바나 헌장은 의회의 비준을 받지 못하여 결국 사장되었으나, 약 50년 이후 다시 제출된 WTO는 미 의회의 비준을 받아 1995년 출범했다. 이러한 상반된 결정에 대한 배경과 이유는 무엇일까?

(1) 정치경제적 여건의 차이

ITO 설립을 위한 하바나 헌장이 합의되고 미 의회 비준이 추진될 시점은 공산주의와 자본주의가 대립하는 냉전체제의 조성기였다. 미국의 입장에서는 유럽에서 공산주의의 확산을 막아야 했고, 한반도에서는 전쟁이 시작되기 직전의 상황으로 제3차 세계대전의 가능성마저 거론되고 있었다. 공산주의 국가를 중심으로 계획경제제도가 도입되어 시장경제제도와 경쟁하는 분위기가 조성되고 있었다. 이러한 상황에서 계획경제적 요소마저 예외로 인정했던 하바나 헌장을 미 의회가 앞서 살펴본 바와 같이 받아들이기 어려웠을 것이다.

반면, WTO 설립은 1990년 초 우루과이라운드 협상 말미에 갑자기 의제로 제안되었는데, 정치적으로는 베를린 장벽의 붕괴와 소련의 해체로 50여 년간 지속된 동서냉전체제가 변하고 있던 시점이었다. 그리고 이러한 공산주의의 몰락으로 경제적인 측면에서도 신자유주의를 중심으로 하는 시장경제체제가 계획경제체제보다 우위에 있다는 점이 모든 나라에게 받아들여지고 있던 상황이었다(워싱턴 컨센서스). 미국의 입장에서는 이데올로기와 체제에 대한 확신이 그 어느 때보다 높았던 시점이었다. WTO 설립으로 자국의 주권이 다소 제한될 가능성에 대한 우려가 전혀 없는 것은 아니지만 정치경제적 상황은 이러한 우려를 압도하기에 충분했다고 볼 수 있다.

(2) 출구대안 관점

1940년대와 1980년대 미국이 다자통상질서를 주도했을 때, 이에 대한 다른 국가들의 입장이 모두 우호적이지는 않았다. 따라서 이러한 국가들을 효과적으로 설득하는 것이 중요한 이슈였고, 만에 하나 설득에 실패할 경우 대안을 고려해야 하는 것도 불가피 했을 것이다. 그 대안이 반대국가들의 결정을 바꿀 수 있는 영향력을 지닌 경우에는 효과적인 레버지리가 될 수 있지만, 영향력이 낮거나 오히려 반대하는 국가들이 가진 대안이 더 영향력이 있다면 미국의 계획이 관철되기 더 어렵게 된다. 이러한 관점에서 두 상황을 비교해 보자.

① 지역주의

1940년대 냉전이 본격화됨에 따라 미국은 서유럽, 일본, 그 밖에 공산주의 위협에 취약한 국가들과 무역을 확대하고 그들 국가의 경제부흥을 지원했다. 미국은 영국에 비해 산업화 시작은 늦었지만 제1차 세계대전을 거치면서 이를 만회하고 성공적으로 산업화를 진전시켜, 전쟁으로 산업화 기반이 약화된 영국 등 여타 유럽 국가들에 비해 경쟁력 우위를 확보할 수 있게 되었다. 이를 바탕으로 자유무역을 추진했던 것이 ITO의 배경이다.

반면, 영국은 제1차 세계대전 이후 만성적인 적자와 대공황의 타격으로 경제위기에 빠져 있었다. 이를 타개하기 위해 1932

년 자치령 7개국 및 인도 대표가 참여하는 "오타와 협정"을 체결하고 영연방국가들간 특혜무역제도, 통화·금융면에서는 파운드 가치의 유지와 파운드화를 중심으로 하는 환안정지역을 형성하였다. 영국의 영연방 국가와의 상품교역은 전체 무역의 반 이상을 차지했다. 따라서 영국은 미국이 추진하는 자유무역을 원하지 않았고, ITO 협상에서 이러한 특혜무역을 인정받지 못하면 협상에서 탈퇴하려고 했었다.

한편, 다른 유럽 국가들도 교역을 통해 유럽통합의 가능성을 찾고 있었고 독일을 유럽으로 묶어 두고자 하였는데 이러한 과정이 "1947년 7월 Franco – Italian customs union" "1947년 11월 첫 다자간 통화보상 협정"과 "1948년 10월 유럽 내 지불 및 보상 협정"으로 진행되었다. "1950년 유럽 지불조합(EUP)"과 "1951년 유럽 석탄 및 철강 연합체"로 정점에 이르렀다.

이와 같이 1940년대 ITO를 추진할 때, 영국 등 유럽은 자국들이 운영해 왔던 영연방 특혜무역제도, 유럽통합 등을 예외로 인정받기를 원하고 있었다. 반면 미국은 냉전체제에 대응하기 위해 유럽의 재건과 통합을 위한 지원도 하면서 동시에 다자간 자유무역체제를 만들어 가야 하는 모순적 상황에 처해 있었던 것이다. 다자주의를 설득하기 위한 레버리지를 갖기보다는 오히려 냉전체제에 대응하기 위해 반대하는 국가들의 입장을 들어 줄 수밖에 없는 상황이었고 이러한 이유로 영연방 특혜무역제도 등을 포함해 여러 가지 예외를 허용하였다. 결국 당시에는 미국에 비해 영국 등 유럽 국가들이 다자주의를 대신할 수 있는 유용한 지역대안을 가지고 있었던 것이다.

1980년대 상황을 보자. WTO 설립의 계기를 제공한 우루과
이 라운드는 미국이 상품분야 관세뿐만 아니라 비관세 장벽, 더
나아가 서비스와 지적재산권 등 새로운 분야로 자유화를 넓혀
가고자 GATT 장관회의에서 다자간 협상을 제안하였으나 나머지
국가들의 반대로 성사되지 못했다. 이에 미국은 NAFTA의 토대
가 된 캐나다－미국 자유무역협상을 추진했다. 이러한 미국의 움
직임은 80년대 초중반 미국의 일방주의를 경험한 유럽과 다른
국가들에 우려가 아닐 수 없었다. 1986년 캐나다－미국 자유무
역협상의 시작은 미국이 GATT체제를 탈퇴할 수 있다는 일종의
신호를 준 것으로, 이후 다른 나라들이 우루과이 협상 개시에 합
의한 것과 무관하지 않은 것으로 보인다. 캐나다－미국 자유무역
협정은 1987년 10월 타결되었고, 1990년 멕시코를 포함한 캐나
다, 미국, 멕시코 북미 3국간의 NAFTA 협상이 시작되자 우루과
이 협상은 속도를 내면서 긴박하게 진행되었다. 90년대 초 미국
의 주요 언론은 우루과이 협상이 아닌 NAFTA 협상에 더 주목하
였고 1992년 12월 NAFTA 협상은 타결되고 1994년 1월 발효된다.

1993년 여름까지 우루과이라운드는 유럽 농민들의 농업자유
화 반대로 좌초위기에 처했다. 1992년 12월 합의된 NAFTA는 이
미 미국 행정부가 진행 중인 우루과이라운드가 잘 안 될 경우 지
역주의로 나갈 채비를 하고 있음을 보여주었다. 이에 더하여 클
린턴 대통령은 1993년 11월 APEC 시애틀 장관회의에 정상회의
를 추가하여 APEC을 한 단계 업그레이드시켰다. APEC이 정상회
의를 포함한 지역협의체로 격상되면서 APEC이 NAFTA의 성과를
확대할 가능성마저 시사하게 되었다. 비록 APEC은 느슨한 형태

의 지역협의체로 무역자유화를 운영할 국제 기구적 기반은 없지만 전 세계 무역의 40%를 차지하고 있고 그 성장 속도가 빨랐다는 점을 무시할 수 없는 상황이었다. 미국 하원이 1993년 11월 17일 NAFTA를 비준하고 다음날 미국 대통령은 시애틀로 날아가 APEC의 13개국 정상과 사진을 찍었다. 그 결과 독일은 프랑스를 압박하고 비로소 유럽은 농업분야에서 자유화 양보를 한다. 미국이 보여준 지역주의 카드가 마지막 순간에 우루과이라운드에 영향을 준 것으로 보인다.

지역협정 대안으로 ITO와 WTO 협상에서 이루어진 타협적 결과를 부분적으로 설명할 수 있다. 즉, 40년대 유럽, 특히 영국은 다자주의에 대응한 영연방국가간 특혜무역협정 등 유용한 대안을 가지고 있었던 반면, 1993년 NAFTA의 비준과 APEC 정상회의 등은 분명히 미국이 우루과이라운드 협상에서 유럽으로부터 농업분야 양보를 이끌어 내는 데 도움이 되었다. 결국, 미국은 WTO 설립추진 당시에 유용한 지역주의 대안을 가지고 있었고, ITO 당시는 미국에 비해 영국 등 유럽국가들이 상대적으로 유용한 지역주의 대안을 가지고 있었다.

② **국제기구**

ITO나 WTO 설립에 실패할 경우 이를 대신하여 활용할 국제기구 대안이 있느냐 역시 두 상황을 설명할 수 있는 중요한 요소이다.

1940년대와 1990년대 모두 GATT는 새로운 국제기구 설립이 실패할 경우 고려할 수 있는 대비책이었을 것이다. 1946년 미 의회는 TAA(무역협정법)하에서 관세인하 협상 권한을 행정부에 부여하였는데 ITO 헌장이 쉽게 비준되지는 않을 경우에 대비한 것으로 보인다. GATT를 통해 의회 비준 없이도 TAA를 토대로 행정명령을 활용하여 양자적 관세인하 결과를 일반화할 수 있었기 때문이다. 그 당시 GATT 협상은 제한적이지만 양자간 관세인하 협상을 일반화할 수 있다는 가능성을 보여주었는데 제1차 제네바라운드에서 참가국가들간에 적용하는 관세를 1/3 인하시켰다. 따라서 ITO 협상 결과는 미국 주권에 대한 위협 요소로 인식될 뿐만 아니라 예외조항과 허점이 많아 비판이 커지고 있었기에, 이에 반대하는 미국의 업계와 의회는 ITO 헌장 대신 GATT가 유용한 대안으로 생각했을 것이다.

1994년에도 WTO 협정이 비준되지 못할 경우 GATT는 활용할 만한 대비책으로 여겨졌을 것이다. 그러나 GATT는 주로 관세인하와 비관세 장벽을 제거를 다루었던 반면, 새로운 이슈인 서비스, 지적재산권, 무역관련 투자조치 등은 대상이 아니었다. 이러한 새로운 이슈에 관심이 많았던 미국으로서는 GATS(General Agreement on Trade in Service, 서비스교역에 관한 일반 협정)나 TRIPs (Trade Related Intellectual Properties, 무역관련지적재산권) 협정과 같은 새로운 다른 협정을 포함하는 체제가 필요했기에 다시 GATT로 복귀하는 것은 우루과이라운드의 실패를 인정하는 꼴이 되는 것이었다.

결국 미국의 관점에서 GATT는 ITO의 대안으로서 충분한 역할을 할 수 있다고 생각했지만 WTO의 대안으로 활용되기에는 한계가 있었다는 점에서 WTO의 성공에 더 주력할 수밖에 없었을 것이다.

(3) 이해관계자와의 소통 및 정치적 리더십

출구 대안적 관점은 두 협상 결과를 두고 의회가 왜 비준을 거부하거나 수용했는지를 설명하는 데 어느 정도 도움을 주기는 하지만, 1948년 미국의 협상가들이 국내적으로, 특히 의회에서 수용되지 못할 양보를 왜 했는지를 설명하는 데는 충분하지 않다. 이러한 질문에 답하기 위해서 추가적인 두 가지 측면을 살펴보기로 하자.

첫째, 협상과정에서 이해관계자들과 협상가들간의 소통측면이다. 1980년대 우루과이 라운드에서는 과거에 비해 정부차원에서 미국의 이해관계자들이 협상가들에게 보다 빈번하게 세심한 지침을 주도록 제도적 보완이 이루어졌다. 반면, 1940년대는 전쟁 중이었고 미국 협상가들은 국내 이해관계자들과의 접촉이 힘들었다. 그래서 하바나 회의의 미국 대표였던 Will Clayton는 의회 등 국내이해관계자들로부터 지지를 받지 못할 추가적인 양보를 해버렸지만, 우루과이 협상결과는 비준을 하는 의회의 입장과 훨씬 더 유사하게 만들어졌다.

1974년 무역법은 대통령에게 도쿄라운드 참여를 인정하면서 이해관계자들의 의견을 좀 더 잘 반영하도록 규정을 마련하였다. 협상가들이 민간부문 및 업계 등과 협의를 하도록 규정하였고 협상내용을 주요 의회위원회에 보고하도록 하였다. 무역협상을 위한 자문위원회도 구성하였다. 노조와 소비자를 포함한 각 사회분야를 대표하는 45명(실제로는 기업 관리자들이 주류를 이룸)을 대통령이 임명하고, 워싱턴과 제네바에서 USTR과 자주 만나게 하였

다. 그 하위에 산업, 노조, 농업을 담당하는 세 개의 자문위원회
도 두도록 하였다.

그리고 의회가 비준을 단순히 무한정 지연하거나, 협상을 불
가능하게 하는 조건을 요구하는 위험(케네디라운드 결과를 따라다녔
던 문제들)도 고려하여 "신속절차"라는 새로운 규정을 만들었다.
대통령이 협상결과를 의회에 제출하면 수정 또는 지연없이 60일
이내에 수용여부의 가부만을 표결하도록 한 것이다. 이러한 규정
은 행정부로 하여금 협상 및 이행법안 마련 과정에서부터 의회
의 핵심지도자들을 참여시키게 하는 유인을 제공했다. 따라서
1940년대와 비교해 미국 협상가들은 우루과이 라운드 전 기간
동안 이해관계자들과 긴밀히 소통하면서 진행상황을 보고하고,
그들의 요구를 들어야 했다. 사실상 협상 초기부터 국내비준 작
업을 함께 진행한 것이다.

둘째, 트루먼 대통령과 그의 참모들이 하바나 헌장 비준을
받기 위해 했던 국내지지 확보노력이 부시와 클린턴 대통령과
장관들이 NAFTA와 WTO에 대한 지지를 얻기 위한 노력에 비해
미흡했다. 모든 이슈에는 지지자와 반대자가 있기 마련인데 1940
년대에도 좀 더 치밀한 전략을 펼쳤다면 비준을 받았을지도 모
른다. 1945년 브레튼우즈 협정이 의회에 제출되었을 때 금융계는
비준을 반대했고 관련 상임위에서의 통과전망은 높지 않았다. 그
러나 대통령의 리더십은 이러한 상황을 반전시켰다. 비슷한 상황
이 마샬플랜의 경우에도 있었다. 그 당시 인기가 없었던 민주당
정부가 점차 의회를 공화당이 장악하던 상황에서 그렇게 야심찬
계획을 추진할 것이라고 생각한 사람은 많지 않았다. 그러나 트

루먼 대통령은 전방위 압박전략을 구사하며 1947년 가을과 겨울, 1948년 봄 내내 의회의 지원이 필요한 상황으로 국내여건을 몰아 마샬플랜에 대한 승인을 얻어냈기 때문이다.

미국 대통령은 전체 지역구를 대표하면서 국내에서 무역자유화에 대한 가장 강력한 목소리를 낼 수 있다. 그러나 동시에 무역문제는 대통령이 정치적 리더십 발휘를 요구받는 많은 이슈 중의 단지 하나일 뿐이다. 그러면 언제 대통령이 제한된 정치적 자본을 무역자유화에 투자하면서 적대적인 이해집단의 설득에 사용할 것인가? "더 긴박한 이슈가 없을 때"라고 할 수 있는데, 1940년대와 1990년대 상황을 비교해 보자. 일반적으로 정치가들은 가장 큰 위험을 제공할 수 있는 이슈에 그들의 시간과 에너지를 가장 많이 투자한다. 1948년 이후 투르먼이 그의 정치적 자본을 투자하기로 선택한 이슈는 잠재적으로 재난적 결과를 가져올 수 있는 외교정책 갈등(냉전, 한반도 전쟁 등)이었지 하바나 헌장의 비준이 아니었다. 반면 클린턴 대통령은 보스니아, 러시아, 북한, 이라크, 이란 등 이슈가 중요하긴 했지만 투르먼 시기와 비교할 만한 심각한 이슈는 아니었다. 결과적으로 클린턴은 트루먼과 달리 WTO 비준에 정치적 자본을 사용했다고 볼 수 있다.

이러한 점들을 종합해 보면 WTO 설립은 ITO 당시와 달리 냉전의 종식과 신자유주의가 대세였던 1990년대 국제 정치경제적 환경, 유일한 초강대국으로 자신감에 찬 미국의 우루과이 협상 타결을 위한 전략적 결단 등이 함께 어우러지면서 만들어낸 결과물이라 볼 수 있다.

20년 후에 트럼프 대통령은 WTO 다자무역체제를 부정하고 있는데, 미국은 그동안 다자무역체제의 지지자 또는 수호자였는지 궁금해진다.

미국은 WTO 다자무역체제의
수호자인가?

1940년대 ITO와 관련한 미국의 입장이나 우루과이라운드를 거쳐 1995년 WTO가 출범하는 데 미국이 보여준 결정적인 역할을 생각하면 미국은 자유무역주의에 기반한 다자무역체제의 지지자이자 수호자로 비춰진다. 1930년대 영국중심의 영연방 특혜무역협정에 반대하고 대공황이 재발하지 않도록 자유무역을 구현할 수 있는 다자체제를 제안하였다. 물론 미 의회 비준실패로 당초의 ITO 설립 구상이 실현되지는 않았지만 이후 GATT라고 하는 잠정적 다자체제 시스템을 유지해 온 것도 미국의 뜻이 반영된 것으로 볼 수 있다. 그리고 마침내 WTO라고 하는 최초의 세계무역기구를 비준하여 출범시킨 나라이다.

그러나 최근 벌어지고 있는 트럼프 행정부의 반 WTO 움직임을 본다면 반드시 미국의 입장에 의문이 든다. 트럼프 행정부가 표면적으로 가장 분명하게 WTO체제를 비판하고 있지만, 좀 더 상황을 들여다본다면 이전에도 이와 유사한 움직임이 전혀 없었던 것은 아니다. ITO 협상 당시에도 기존에 존재했던 특혜무역협정을 예외로 인정한 것은 현실적으로 불가피 했다고 볼 수 있지만, 하바나 헌장에 다자무역체제의 예외로 관세동맹(CU: Customs Union))뿐만 아니라 더 나아가 자유무역지대(Free Trade Area)도 포함시켰다.[1] 그리고 우루과이 라운드 협상을 출범시키는 과정에서 미국은 캐나다와 자유무역협정(Free Trade Agreement), 북미자유무역협정(North America Free Trade Agreement)을 추진하고 발효시켰으며, 더 나아가 아시아·태평양경제협력체(Asia Pacific Economic Cooperation)도 적극 추진하였다. 이후 여러 국가와 양자자유무역협정(FTA)를 체결하였고 최근에는 대표적인 Mega 지역무역협정인 TPP(Trans Pacific Partnership)를 주도한 국가이다. 2017년 WTO MC 11(제11차 각료회의)을 준비하는 과정에서는 그간 WTO를 다자무역체제(Multilateral Trading System)로 표현해 왔던 것조차 반대하고 국제무역체제(International Trading System)로 주장하여 결국 각료선언문도 합의하지 못했다. 더 나아가 최근 트럼프 대통령은 TPP 마저 탈퇴하고 NAFTA를 대체하는 새로운 지역무역협정인 USMCA (USA Mexico Canada Agreement)를 체결하였고, 일본과 양자무역협정(Trade Agreement in Goods)을 협상하고 있다.

여기서는 1940년대 이후 지역주의의 흐름을 살펴보면서 미국의 다자통상체제에 대한 입장을 파악해 보고자 한다.

---

1) 자유무역지대는 관세동맹과 비교해 역내 국가 간 낮은 특혜관세를 적용하고 역외국가에 대해서는 이보다 높은 관세를 적용한다는 점에서 공통점이 있다. 하지만 관세동맹은 동일한 수준의 역외관세를 부과하는 반면 자유무역지대는 개별국가가 다른 수준의 역외관세를 정할 수 있다는 점에서 관세동맹이 합의하기 더 어려운 협정이다.

1. 다자주의와 지역주의

무역체제에서 다자주의란 범세계적인 협의체를 설립하고 최혜국대우(MFN Most Favored Nation)원칙2)에 기반한 자유무역 규범을 만들어 모든 국가들이 관세 등 무역장벽을 줄여나가는 접근 방식을 말한다. 반면 지역주의는 "지역적으로 인접한 국가들 또는 일부 국가(역내국가)들간의 무역에 대해서 관세 등 무역장벽을 줄이는 것"을 의미(Bhagwati, 1993)한다. 다자주의와 지역주의가 무역자유화를 추구하는 측면에서 공통점이 있지만, 다자주의는 대상이 전 세계 국가인 반면, 지역주의는 일부 국가들에 한정하여 무역장벽을 줄인다는 점에서 "(역외국가) 차별화"를 지역주의의 특징으로 볼 수 있다. 즉 다자주의가 무역장벽의 축소를 MFN원칙에 따라 하는 반면 지역주의는 MFN원칙이 적용되지 않는다는 점이다.

일반적으로는 무역자유화를 추진하는 데 있어 다자주의가 지역주의보다 우월하고 바람직하다. 모든 나라들이 같은 규범을 적용받으면서 다함께 무역장벽을 제거해 가는 것이 공정하고 가장 효과적이기 때문이다. 반면, 지역주의는 역내 국가들에게만 관세 등 무역장벽을 완화해 가고 역외국가들에게는 상대적으로 더 높은 관세를 적용하므로 역외 국가들과는 무역자유화에 역행

---

2) Jackson 교수와 같은 이는 MFN원칙을 다자주의와 구별하기도 한다. 다자주의는 모든 국가들간 상호작용의 가치를 인정하는 무역 관계에 대한 접근법으로 본다. 이러한 접근방법에 따르면 특정 국가나 일부국가가 일방적으로 MFN 원칙에 따라 무차별적으로 모든 국가에 무역장벽을 낮추더라도 다자주의라고 보지 않는다. 즉, MFN는 외국에 대한 동등한 대우를 하는가 여부를 판단하는 기준으로서 다자주의와 동일하지는 않다는 것이다.

하는 결과를 초래한다. 역내 국가들간에는 낮은 관세가 적용되어 무역이 증가(Trade Creation Effect, 무역창출효과)하지만, 역외 국가들에 대해서는 상대적으로 관세가 높아지기 때문에 이들 국가와의 무역이 역내 국가들간의 무역으로 전환되어 무역이 줄어드는 효과(Trade Diversion Effect, 무역전환효과)도 발생한다. 따라서 지역주의의 전체적인 효과가 긍정적인지 부정적인지도 구체적인 경우에 따라 달라질 수 있다.3) 그래서 일반적으로 지역주의가 다자주의에 비해 무역자유화 효과가 못하다는 것이다.

그럼에도 불구하고 역사적으로 다자무역체제가 처음 논의되었던 하바나 헌장에서도 지역무역협정은 예외로 인정되었고, 이를 반영한 GATT도 지역무역협정을 예외로 포함시켰다. 따라서 이와 관련된 역사적 흐름을 살펴보는 것은 단순한 사실 확인을 넘어 왜 이러한 지역주의가 예외로서 불가피했는지도 이해하는 기회가 될 수 있다.

---

3) 예를 들어, A, B, C 세 나라가 있었는데 각기 수입관세를 10% 부과하고 있었다고 가정하다. A와 B 국간 자유무역협정을 체결하여 A와 B국간에는 관세를 철폐하기로 했다. A와 C국간 B와 C국간에는 여전히 10%의 관세를 부과한다. 그러면 A와 B국간에는 무역이 증가(무역창출효과)하지만 나머지 국가간, 즉 A와 C국간 B와 C국간 무역은 줄어든다. A와 B국가는 이전에 C국에서 수입하던 것 중에 자유무역협정으로 관세를 내지 않게 되어 더 저렴해지는 상품은 B와 A국가로 수입국을 바꾸게 되어(무역전환효과) A와 C국간 B와 C국간 무역은 줄어든다. 이러한 수입전환효과는 실질적인 가격변화는 없고 다만 관세로 인한 효과에 따른 것으로 효율성 측면에서는 바람직하지 않다. 결국 무역창출효과로 증가하는 규모와 무역전환효과로 줄어드는 규모의 크기에 따라 A, B, C 3국간 총 무역규모는 증가할 수도 있고 감소할 수도 있다.

(1) GATT체제하의 지역주의

GATT의 기본원칙은 무차별주의로 GATT협정 제1조의 최혜국대우(MFN: Most Favored Nation)와 제3조 내국민대우(NT: National Treatment)가 핵심이다. 그러나 무차별주의에 대한 예외가 필요할 경우를 위해 협정 제25조에서 2/3 투표로 예외를 인정할 수 있도록 했고, GATT 이전부터 존재했던 특혜무역협정은 예외로 허용했다. 다만, GATT 설립 당시 존재했던 특혜무역협정은 그리 많지 않았기에, 예외로 인정하더라도 실질적으로 무차별원칙을 훼손할 만한 수준은 아니었다. 여기서 우리가 주목할 점은 2/3 투표 없이도 무차별원 원칙의 예외로 일정한 제약조건하에서 새로운 관세동맹(CU: Customs Union)과 자유무역지대(FTA: Free Trade Area)를 GATT 제24조[4])에서 허용했다는 것이다. 다자체제 내에서 명시적으로 무차별원칙을 우회할 수 있는 지역주의를 허용한 것이다. 이러한 제24조에 근거한 지역무역협정[5]) 예외는 지속적으로 증가했는데, 이에 대해서는 세 가지 주요한 요인이 작용한 것으로 분석된다.

첫째, 당초 미국이 제안한 하바나 헌장 원안 제33조에서는 역

---

4) WTO 서비스협정에도 이와 비슷하게 무차별원칙의 예외를 인정하는 내용이 제5조에 있다.

5) 일부 무역국가들간의 특혜적 관계를 의미하는 것으로, 다양한 용어가 사용되어 왔다. 특혜무역협정(PTA: Preferential Trade Agreement), 자유무역협정(FTA: Free Trade Agreement), 지역무역협정(RTA: Regional Trade Agreement), 자유무역지역(FTA: Free Trade Area), 친경제동반자협정(CEPA: Closer Economic Partnership Agreement), 관세동맹(CU: Customs Union) 등이다. WTO에서는 이러한 다양한 개념을 지역무역협정(RTA)으로 통칭하고 있는데 여기서도 이를 따르기로 한다.

외국가에 공통관세를 부과하는 CU에 대해서만 예외를 인정하였으나[6] 하바나 협정협상이 진행되면서 미국은 관세동맹 요건을 스스로 포기하고 역외 공동관세를 적용하지 않는 자유무역지역(FTA: Free Trade Area)까지 예외를 확대했다.[7] 1948년 하바나 헌장은 4장 제44조에서 FTA를 명시적으로 예외에 포함시켰다.[8]

FTA는 관세동맹에 비해 역외 공동관세를 적용하기 위한 어려운 협상을 하지 않아도 되었기 때문에 관세동맹은 두 개(EC, Mercosur) 밖에 없는 데 비해 FTA는 급격하고도 광범위하게 이루어졌던 것이다.

둘째, 제24조에서 요구한 CU나 FTA에 대한 제약조건이 점점 약화되고 종종 무시되었다. 예외를 인정하면서도 제약조건을 부여한 것은 제24조의 활용을 최소화하고 불가피할 경우에도 가능한 역외 국가들에 대한 차별적 영향이 긍정적 효과를 능가하지 않도록 하려는 의도였다.

GATT 제24조를 충족하기 위한 조건은 ① 합리적인 기간 내에 모든 국가로 자유화를 확대하는 계획을 가지고 있을 때 가능했다. 그 기간 동안 무역장벽을 축소하여 FTA 역내 국가들에게만 적용되는 특혜를 모든 국가로 확대해 나가도록 하라는 것이다. 장기간 또는 불확정적인 잠정 기간은 제외시키기 위한 것이

---

6) Suggested Charter for an International Trade Organization of the UN, Department of State(1946.9.)

7) 미국과 캐나다의 비밀 자유무역협정을 반영하기 위한 이유였는데 결국 동협정은 체결되지 못했다(World Trade Review 2006, 1-30).

8) Final Act and Related Documents, United Nations Conference on Trade and Employment held at Havana, Cuba from November 21, 1947, to March 24, 1948

었다. ② 실질적으로 역내 모든 무역에 대한 부과금과 제약적인 규제를 제거하도록 했다. 여기서는 기간이 아니라 자유화 분야를 특정 분야에만 적용해서는 안 된다는 것이다. ③ GATT 회원국이 지만 CU나 FTA의 역외국가에 대한 무역장벽은 지역무역협정이 체결되기 이전의 수준보다 높여서는 안 된다. CU나 FTA가 태생적으로 역내시장에서 역외 국가들에게 불리하지만 지역무역협정이 체결됨으로써 추가적인 차별이 이루어지지 못하도록 하려는 것이었다.

그러나 이러한 제약은 점차 무력화되었다. John Jackson 교수에 따르면 이러한 변화는 미국이 소련의 영향력에 대항하기 위해 유럽통합을 잠재적 정치적 대항마로 활용하려고 할 때부터 시작되었다. 유럽시장의 통합이 제24조의 조건을 만족하기가 어렵게 되자 미국은 제24조의 모호한 점을 활용한 것이다. 모든 국가를 대상으로 무역자유화가 이루어지기 위한 "합리적인 기간"은 공식화하기 어렵고 "실질적으로 모든 무역"의 의미도 명확할 수 없다고 보았다. "실질적으로 모든 분야"가 의미하는 것이 60%, 80% 또는 90%인지? 농업 또는 첨단분야 등이 제외될 수 있는 것인지? 명확한 기준을 찾기가 어렵기 때문이다.

현 EU 탄생의 모태가 된 로마조약[9]에 대하여 WTO 보고서 (1995.11.)는 "GATT 제24조에 일치하는지에 대한 합의가 없다. 체약국들은 로마조약의 검토를 완료하기 위해 노력해 왔으나, 여러

---

9) EEC(European Economic Commission)유럽경제공동체)조약이라고도 하며 프랑스, 룩셈부르크, 이탈리아, 서독, 벨기에, 네덜란드 등 6개국에 의해서 1957년 3월 로마에서 조인되어 1958년 발효되었다. 현 EU 탄생의 모태가 된 조약이다.

중요한 문제에 대한 정보와 자료가 없어서 이와 관련한 법률적 이슈를 더 이상 논의하고 점검할 수 없게 되었다. 그래서 로마협정에 관한 검토를 다시 재개하지 않는다"고 했다.

세 번째는 1970년대 개도국들간의 CU와 FTA에 대해서는 GATT 제24조의 제약조건 자체를 고려하지 않는다는 더 큰 예외를 인정한 것이다. 개도국에 대한 우대조치(S&DT: Special and Differential Treatment)의 본질은 개도국에게 권리는 인정하면서 회원국에게 요구되는 의무는 여러 방법으로 면제해 준 것이다. 다자간 협상에서 개도국은 상호주의에 따라 관세인하를 하지 않으면서도 선진국들의 관세인하 혜택을 특혜로 누리고 있었다. 1960년대 일부 선진국이 특정 개도국에 대하여 특혜를 부여했지만 이때의 근거는 GATT 제25조에 근거한 잠정적인 성격이었다. 필요할 때 한시적으로만 활용하기로 한 예외조치(Waiver)였다. 그러나 도쿄라운드에서 개도국의 요청으로, 잠정적인 우대조치의 항구적인 해결책을 논의한 결과, 권능조항(Enabling Clause)[10]을 마련한 것이다. 그 중에 권능조항 문단 2(c)에서 개도국들 간 지역무역협정도 우대조치에 포함시켰다.

이로써 개도국들간 지역무역협정은 권능조항에 따라 제24조의 의무로부터 완전히 벗어나 일반적인 예외로 인정받게 되었다. 즉, 지역무역협정이 선진국을 포함하지 않으면, 권능조항에 따라 "합리적인 기간"이나 "실질적으로 모든 무역"이 포함되지 않아도 되었다. GATT 제24조의 개도국에 대한 무력화는 지역무역협정

---

10) 1979년 도쿄라운드에서 개도국에게 GATT 제1조의 MFN 원칙의 예외를 인정하기 위해 이루어진 체약국단 결정 "Differential and More Favorable Treatment, Reciprocity and Fuller Participation of Developing Countries" (L/4903)

권능조항 문단 2(c)

도쿄라운드에서 개도국들에 대한 우대조치에 "개도국간 합의한 기준에 따라 관세의 인하 또는 철폐를 하거나 비관세 장벽의 축소 및 철폐를 위한 지역 또는 세계적인 협정"을 적용대상에 포함시켰다.11)

확산의 요인이 되었다.

GATT하에서는 모든 CU나 FTA는 사무국에 통보되어야 하며, 작업반을 구성하여 각각을 검토하였다. 1947년부터 1994년 말까지 총 98개 지역무역협정이 제24조에 근거해서 통보되었다. 이 중 11개가 개도국 권능조항에 따라 통보되었다. 총 작업반 중 15개의 작업반이 1994년 말까지 검토를 완료하지 못했고, 69개 제출된 작업반 보고서 중 5개는 여러 가지 이유로 보고조차도 되지 못했다. 단지 6개 보고서만이 명시적으로 제24조에 일치한다는 결론을 내렸으며 EC와 EFTA는 포함되지 못했다.

이와 같이 지역무역협정이 제24조에 부합하는지 여부에 대한 공식적인 결정이 없는 것이 제24조 작업반의 원칙이 되어 버렸다. 작업반 검토결과 권고사항이 없는 경우 일부 국가들은 이를 제24조에 부합하는 것으로 해석을 하는 반면 다른 국가들은 부합여부에 대한 합의가 없었다고 보았다.

캐나다-미국 자유무역협정 작업반 의장은 "만일 아무도 지역무역협정의 제24조 합치여부에 관한 합의나, 참가국들에게 제

---

11) Notwithstanding the provisions of Article I of the General Agreement, contracting parties may accord differential and more favourable treatment to regional or global arrangements entered into amongst less-developed contracting parties for the mutual reduction or elimination of tariffs

약조건을 만족하기 위한 권고를 기대하지 않는다면 작업반을 왜 구성하는지 의문을 가질 수밖에 없다"라고 했다.

(2) WTO 시대 지역주의

1947년 GATT 출범 이후 1986년 푼타델 에스테에서 우루과이 라운드 협상개시까지 약 40년간 제24조에 따라 68개, 권능조항에 의거한 6개가 지역무역협정이 통보되었다. 그중에 중요한 협정으로는 EC, EFTA와 호주-뉴질랜드 협정만이 유지되고 있다. 그러나 1986년부터 1995년 약 10년간, 제24조에 의한 30개 지역무역협정과 권능조항에 따라 5개 지역무역협정이 통보되었고 그 중 하나를 제외한 모든 것이 발효되었다.

그러나 앞서 살펴본 것처럼 지역무역협정이 제24조 제약조건을 제대로 만족하고 있는지를 검토하는 과정 자체가 제대로 작동하지 않았다. 가장 큰 이유는 제24조의 문구 자체의 모호성, 특히 "실질적으로 모든 무역"에 대한 명확한 정의가 없고, 역외국에 대한 무역장벽이 전반적으로 더 높아졌는지, 더 낮아졌는지를 판단할 수 있는 "구체적인 기준과 검증절차"가 없다는 것이다.

그래서 WTO는 지역무역협정에 대한 새로운 검토와 통제를 추진했다. 우루과이 라운드협상의 결과로 제24조의 해석에 관한 이해(Understanding)가 만들어지고 1996년 WTO 내 지역무역협정 위원회(CRTA: Committee for Regional Trade Agreement)를 설치하여 지역무역협정이 제24조에 부합하는지를 검토하도록 의무를 부여했다. 따라서 WTO에서 지역무역협정에 관한 법적체계는 "GATT 1994 제24조와 그 이해", "GATS 제5조(경제통합)", "권능조항 문단 2(c)"와 "지역무역협정의 투명성 메커니즘"으로 구성된다.

GATS 제5조

서비스 분야에도 상품분야의 제24조와 같이 무차별원칙이 적용되지 않는 경제통합협정을 인정하고 있는 조항이다.

지역무역협정이 서비스자유화 범위 4가지 공급모드[12])를 포함하면서 회원국 간 차별적인 조치를 실질적으로 제거하고 새로운 추가적인 차별조치를 금지한다면 "경제통합협정" 형성을 인정한다. 즉, 역외국가에 무역장벽을 높이지 않고 중립적이어야 한다.

GATT 제24조의 해석에 관한 이해는 제24조의 문구를 보다 명확히 하기 위한 노력으로 만들어진 것이다. 관세장벽의 비교를 위한 "평균관세 계산방법"이나 모든 국가로 무역 자유화하는 합리적 기간으로 "10년"을 정했다. 그러나 협상과정에 보여준 회원국들의 입장은 가능한 약화된 용어를 원했다. 일례로 모든 국가에게 자유화를 완료해야 할 기간에 대해서도 상품무역이사회에 충분한 설명을 제공하기만 하면 10년을 넘을 수 있도록 하였다.

결국 "24조의 이해"가 상황을 본질적으로 변화시키지 못했는데 WTO 보고서는 다음과 같이 결론지었다.

"제24조의 이해가 과거 제24조의 적용과정에서 제기된 논쟁의 영역, 특히 관세동맹의 대외적인 정책을 분명히 밝히긴 했지만, 그간에 지적된 여러 가지 문제와 이슈를 다루기엔 부족했다. 예를 들면 일부 국가가 지적한 '실질적으로 모든 무

---

12) 모드(Mode)1 '국경간 거래', 모드2 '해외소비', 모드3 '상업적 주재', 모드4 '자연인의 이동'

역 요건'에 대해서는 합의가 이루어지지 못했다. 따라서 작업
반을 괴롭혔던 문제는 해결하지 못한 것이다. GATS 제5조도
상품교역의 제24조와 많은 측면에서 유사한데 제24조의 해결
하지 못한 문제를 여전히 안고 있다."

종합하면, WTO에서 지역무역협정의 상품무역에 관한 규범은
GATT 제24조와 권능조항 문단 2(c)이며, 서비스무역에 관한 규범
은 GATS 제5조이다. 투명성 메커니즘은 WTO 위원회에서 통보된
모든 지역무역협정의 검토와 관련된 절차를 기술하고 있다.

이러한 일반이사회의 지역무역협정 투명성 메커니즘은 잠정
적인 것이다. 회원국들이 필요하다고 판단하면 이를 검토하고 수
정한 후 DDA 협상[13])의 전반적 결과의 한 부분으로 영구적 메커
니즘으로 대체할 수 있도록 하였으나, 2010년 12월 규범협상 그
룹에서 이에 대한 재검토를 시작했으나 완료하지 못했다.

일반이사회의 지역무역협정 투명성 메커니즘에 관한 결정

지역무역협정은 협정이 비준된 직후, 회원국들이 상호 특혜를 제공하기 전
에 WTO에 통보되어야 한다. 모든 지역무역협정은 사실 보고서를 포함한
투명성 절차를 따라야 하는데, 이러한 절차는 관련 위원회 (GATT 1994 제
24조와 GATS 제5조는 **"지역무역협정위원회"**, 권능조항은 **"무역과개발이사
회"**)의 검토를 위한 기반을 형성한다. 서명되었으나 아직 발효되지 않은 지
역무역협정의 조기 선언과 발효 이후 변경사항의 완전한 이행을 위한 것이
다. 진행 중인 새로운 지역무역협정도 WTO 사무국에 통보한다.

---

13) 4장에서 설명하게 되는 WTO 출범 이후의 다자통상협상으로 도하개발어젠다
(Doha Development Agenda)의 약자임

2. 다자무역체제와 지역무역협정의 관계

다자무역체제와 지역무역협정이 어떠한 관계를 가지는지 살펴보자. 지역무역협정은 지역주의를 반영한 현실적 결과물이라 볼 수 있는데, 이러한 지역무역협정이 다자무역체제가 지향하는 목적에 맞게 세계 후생을 증진시키는지 여부가 관심사이다. 만일 지역무역협정이 세계 후생을 증진시킨다면 지역무역협정은 다자무역체제와 보완적 관계라고 볼 수 있기 때문이다.

(1) 지역무역협정은 다자무역체제에 긍정적인가 부정적인가?

우선 지역무역협정이 다자체제에 긍정적이라고 주장하는 입장이다. 앞서 살펴본 지역무역협정의 두 가지 효과 중에 대부분의 경우 무역창출효과가 무역이전효과를 능가한다고 본다. 따라서 무역자유화를 위한 실질적인 진전을 이루는 데 오랜 시간이 걸리는 다자무역협정에 비해 지역무역협정은 일부 국가들간 자유화 속도를 높이고 궁극적으로 더 개방된 시장을 향한 자발적인 과정을 촉진시킨다고 본다. 일부 경제학자들은 제2차 세계대전 이후 지역무역협정은 다자주의에 기여했지 최소한 저해하지 않았다고 주장한다. 지역무역협정이 본질적으로 보호주의적이지 않을 뿐더러 국가들간의 정치적 긴장을 줄이는 데도 도움이 되어 국가들의 안정성과 신뢰성을 제고시켜 궁극적으로 다자무역협상에 긍정적인 영향을 주어 다자무역체제에 기여한다고 한다.

반면에 지역무역협정이 다자무역체제에 부정적 영향을 준다는 여러 주장이 있다.

첫째, 지역무역협정은 스스로 성벽을 쌓음으로써 내부 지향적이고 외부에 대해서는 차별적이어서 보호무역주의적인 결과에 낳을 수 있다는 것이다. 특히 교역규모가 큰 회원국이 포함된 대형 지역무역협정의 경우는 무역창출 효과보다는 무역전환 효과가 커서 역외 국가들에게 부정적인 영향을 끼칠 가능성이 크다는 주장이다.

둘째, 지역무역협정은 다자체제에 비해 역내 국가들간 신속하고 심도 있는 통합을 할 수 있기 때문에 무역자유화를 위한 다자적 접근의 유인을 감소시킬 수 있다. 점점 더 많은 국가들이 동시에 여러 개의 지역무역협정에 가입함으로써 다자무역체제의 대한 필요성이 약화되고 경쟁적이거나 적대적인 블록을 구성할 수도 있게 된다. 지역무역협정을 "Forum shopping"의 대상으로 생각하게 되거나 다자통상체제의 유용성에 대한 위험요인으로 인식될 수 있다. 협상력과 제도적 역량이 제한되어 있는 소규모 국가들에게는 중복적인 지역무역협정은 행정적인 부담이 될 수 있다. 특히 지적재산권, 투자, 경쟁정책과 같은 새로운 이슈에서 시장접근과 표준설정에 있어서 지역무역협정은 WTO를 대체하는 협상의 장으로 역할을 할 수 있다.

셋째, 최근 지역간 또는 대륙간 규모로 이루어지는 선진국들의 지역무역협정은 다자무역체제뿐만 아니라 개도국들에게 심각한 우려가 될 수 있다. 선진국들은 개도국에 대한 특혜 관세를 부여하고 있기 때문에 MFN 관세는 거의 타 선진국과 일부 개도국과 체제전환 국가들에게만 유효한 상황이다. 그런데 선진국들간 지역무역협정으로 상호 특혜관세를 적용하게 되면 시장접근 개선을 위한 대상이 줄어들어 다자협상에 대한 유인이 더욱 줄어든다는 점이다. 그리고 지역무역협정은 상품 및 서비스 분야 시장접근뿐만 아니라 광범위한 정책분야에서 지역규제 조치와 표준 설정 등으로 특화되는 경향을 보이게 되어, 다자무역협상은 지역무역협정으로 다루기 어려운 농업보조금, 분쟁해결 분야 등 제한된 분야로 한정된다는 것이다.

넷째, 선진국들과 개도국들간 지역무역협정이 다자협상보다 더욱 신속하고 심도 있게 진행되면서 개도국들이 공급측면의 문제를 다룰 국가 발전전략의 제약요소로 작용한다는 점이다. 그러한 전략은 보조금, 투자유인, 정부조달의 국내 우선정책과 기업 경쟁력 제고와 생산 다각화, 농촌개발과 빈곤퇴치 등을 위한 산업정책 등이다. 다자체제에서는 이러한 정책에 대해서는 제한을 두고 있지만 개도국에 대해서는 예외를 인정하고 있다. 그러나 지역무역협정에서는 예외가 그만큼 인정되지 않으므로 개도국들에게 더 불리하다는 점이다.

더 나아가 선진국과 개도국간 지역무역협정은 선진국의 다자협상 레버리지로 활용될 수 있다. 다자무역협상이 진행되는 시점에 선진국과 개도국간 양자 지역무역협정이 타결되면 개도국들간의 통합을 제한하고 다자차원에서의 집합적 대응력을 약화시켜 협상력이 줄어들게 된다.

이러한 논쟁과 관련하여 계량경제학을 활용한 경험적 분석 (empirical research)은 많지는 않으나 일부 결과를 살펴보자.

우루과이 협상 전후 미국의 지역무역협정이 미국의 관세에 미치는 영향을 계량 분석한 결과에 따르면, 미국은 지역무역협정국과 주로 교역하는 상품의 관세보다도 역외국과 교역하는 상

품의 관세를 더 많이 자유화한 것으로 나왔다. 미국이 지역무역
협정국으로부터 받을 수 있는 혜택은 미국이 대가로 제공하는
관세특혜에 크기에 달려있다. 따라서 역내국에 제공하는 관세특
혜를 높게 유지하게 위해 그들 국가와 주로 교역하는 상품의 관
세 인하에는 소극적이어서 지역무역협정은 다자무역자유화에
부정적이라고 평가했다.14)

　　그러나 1953~2006년 240개 지역무역협정에 참여한 184개
국가를 대상으로 광범위한 자료를 토대로 지역무역협정과 다자
무역자유화 사이의 관계를 분석한 사례에서는 다소 상이한 결론
에 도달했다. 지역무역협정이 다자무역자유화에 긍정적 영향을
주는 것으로 분석된 반면, 다자무역자유화가 지역무역협정에는
영향을 주는 지는 확인되지 않았다. 즉 양자간에는 일종의 비대
칭적 관계가 있다는 것인데 즉 지역무역협정은 다자무역체제를
저해하지 않고 도움을 준다는 결론이다.15)

　　반면에 명확한 결론이 없는 분석들도 많은데, 분석방법, 사
용한 데이터, 분석기간 등에 따라 결과가 동일하지 않음을 참고
할 필요가 있다. WTO도 무역 및 경제적 측면에서 우루과이라운
드의 사전 및 사후영향을, 특히 개도국간 지역무역협정을 통해
분석하려고 시도했다. 그러나 모델링, 데이터, 통합의 정도 등에

---

14) Limao(2006, 2007). 2006분석에서는 NAFTA, ATPA(Andean Trade Preference
　　Act), CBI(Caribbeab Basin Initiative), GSP(Generalized System of Preference)
　　와 US-Israel협정을 포함했으나, 2007년 분석에서는 CBI와 ATPA에 중점을
　　두었다.
15) Bernhard Herz et al(2010)은 VAR 분석과 Gravity 모델을 사용했으며,
　　Impulse-response function test를 함

따라 상이한 결과가 나왔다. 결국, 실증분석에서도 이론과 같이 지역무역협정이 다자무역체제에 미치는 명확한 결과를 보여주지는 못한 것으로 보인다.

(2) 지역무역협정의 유인

지역무역협정과 다자무역체제의 관계에 대한 명확한 결론이 없음에도 불구하고 현실적으로 WTO에 통보되는 지역무역협정이 계속 증가하고 있는데 그 이유는 무엇일까? 단순히 구조적인 측면으로 보면 ① WTO 회원국 가입에 따른 통보증가 ② 1990년대 초 중부와 동부 유럽 국가들간의 새로운 교역패턴 증가 ③ 서비스 교역의 증가에 따른 서비스양허를 포함한 지역무역협정 증가 ④ 2000년대 이후는 지역무역협정에 우호적인 아시아 국가들과의 협상 증가 등이다. 그러나 보다 근원적인 원인은 지역무역협정의 본질과 다자통상협상과의 관련성과 연계되어 있다고 보이는데 개도국들간 지역무역협정과 선진국(또는 헤게모니 국가)과 개도국들간 지역무역협정으로 나누어 살펴보자.

우선 개도국들간 지역무역협정을 체결하는 이유이다.

첫째, 선진국들과의 경쟁을 두려워하는 경우, 비슷한 국가들과 경쟁을 한 후에 무차별원칙에 따르는 다자적 자유무역을 해야 한다고 생각할 때이다. "세발자전거 이론"으로도 불린다. 자전거를 타기 전에 세발자전거 타는 법을 배워야 한다는 것이다.

둘째, 개도국들은 지역무역협정을 통해서 다자 무역협상에서 협상력을 높일 수 있다고 생각한다. 다자협상에서 미디어의 관심이 미국과 EU 등 선진국에 집중되고, 일부 큰 개도국에게만 관심이 두어진다는 점에서, 중규모 개도국가들간 지역무역협정을 형성하여 나름의 영역을 확보하려는 것이다.

셋째, 맹목적인 추종(monkey see monkey do)이다. 다른 많은 나라들이 지역무역협정을 체결하니까 나도 한다는 식이다. 많은 사람들이 잘못된 일을 하겠는가 하는 생각인데, 미국과 EU가 지역무역협정을 많이 체결하는 상황에서 각국의 공무원들이 자국의 장관들에게 보고할 때 지역무역협정을 체결하지 말자고 얘기하기는 매우 어렵다.

넷째, 많은 개도국들은 지역무역협정이 다자무역협상으로부터 정치적·행정적 에너지를 분산시킨다는 점을 인정하면서도, 다자무역협상(예를 들면 도하라운드)의 실패를 대비한 보험으로써 지역무역협정을 추진하기도 한다. 2006년 싱가포르 수상이 베트남에서 열린 APEC회의에서 "DDA가 부진한 상황에서 보험이 필요한데 주요국들과 양자협상을 하는 것이다. 세계 무역이 문제에 봉착했을 때, 양자협정으로 확보된 시장으로 진출하겠다"고 했다. 중국도 지역무역협정을 확대해 나가면서 비슷한 뉘앙스를 보였다. 중국은 WTO 가입 이후에도 반덤핑조치 등으로 시장접근을 배제당할 가능성이 여전히 존재한다고 생각하였기 때문일 것이다.

다음은 선진국(또는 헤게모니 국가)과 개도국들간에도 지역무역협정이 체결되는 동기에 대한 주장이다.

첫째, 일부 지역무역협정은 개도국들의 안보목적에서 추진된다. 싱가포르의 경우 미국과 지역무역협정은 아시아지역에 미국을 관여시키고자 하는 것이라는 점을 숨기지 않았다. 일본은 제2차 세계대전 중 사악함을 보였고, 중국도 상황이 되면 그렇게 될 것이므로 미국을 아시아로부터 철수하도록 둘 수 없다는 점이다.

둘째, 지역무역협정은 개도국들의 경제개혁에 대한 신뢰성을 확보하는 데 기여하여 투자를 유치하는 데 도움이 된다는 것이다. NAFTA 협상기간 중 멕시코는 전반적인 경제개혁에 대한 신뢰성이 확보되었다고 주장하였고, NAFTA를 탈퇴하거나 해체하기 어려우므로 협정에 의해 개혁은 더 한층 공고해진다는 것이다. 다만, 투자유치에는 정부의 리더십 등 총체적인 요인이 신뢰성을 결정하는 것이지 단지, 지역무역협정만을 두고 판단할 수는 없다는 반론도 있다.

셋째, 일부 개도국은 다른 개도국가와 지역무역협정을 체결한 헤게모니 국가와 지역무역협정 체결을 원한다는 것이다. 이유는 그렇게 하지 않으면 기 체결한 다른 개도국체결국가로 무역이 전환되는 것이 두렵기 때문이다. 말레이시아와 싱가포르는 이러한 동기를 표출했다.

넷째, 경쟁국과의 맞대응 차원으로 보는 견해도 있다. 이는 EU가 지역무역협정확장 정책을 펼칠 때 미국이 지역무역협정을 확대한 것이 이러한 주장의 일부를 설명하는 데 도움이 된다.

다섯째, 지역무역협정을 통해 다른 비 무역이슈를 진전시키는 수단으로 유용하다는 것이다. 미국의 로비스트들은 자신들의 관심사항에 대하여 미국 행정부와 의회에 압력을 행사하여 다양한 비 무역관련 양허를 성공적으로 이끌어냈다. 예를 들면 페루는 미국과 FTA체결에 앞서 국내 노동법을 개정하도록 강요받았다.

여섯 번째는 다자협상을 하기 어려운 이슈에 대하여 우선 합의하기 쉬운 지역무역협정에서 규범을 만들고 이를 다자협상으로 확대해 가려고 할 때 징검다리 역할로서의 지역무역협정이 유용할 수 있다.

(3) 지역무역협정의 동향

지금까지 다자무역제체와 지역무역협정의 관계에 대한 이론적 논의와 실증분석을 살펴보았다. 그러나 이를 통해 지역무역협정이 다자무역체제에 긍정적인지 부정적인지 명확한 결론은 얻지 못했다. 다만, 긍정적 측면도 있고 부정적 측면도 있다는 정도는 확인되었으며, 현실적으로 지역무역협정을 체결하게 만드는 다양한 측면의 유인요소가 있는 것은 분명해 보인다. 이러한 점들이 반영된 지역무역협정의 현실적인 동향을 살펴보자.

지역무역협정은 급속히 증가하고 있을 뿐만 아니라 모든 WTO 회원국들이 지역무역협정을 체결하고 있어 지역무역협정의 확대는 오늘날 무역정책의 핵심적 특징 중에 하나가 되었다. 2017년말 기준 284개의 지역무역협정이 WTO에 통보되었고 발효 중이다.[16] 추정으로 통보되지 않은 100여 개의 지역무역협정이 발효 중인 것으로 보이며 거의 같은 수의 지역무역협정이 협상중인 것으로 보고 있다. 다자체제 설립이후 지역무역협정은 시기적으로 4단계로 나누어 볼 수 있다.

첫 단계는 GATT 시대에서 1980년대 초까지이다. 지역무역

---

16) WTO Annual report 2018

협정은 예외적이었고 대부분 인접 국가들간에 이루어졌다. 주로 개도국들간 또는 서유럽의 경우는 선진국들간이었다. 가장 전형적인 형태는 인근지역 유사한 국가들간 관세동맹 또는 자유무역협정이었다. 유럽국가들간의 지역무역협정은 개방적 성격이었고 개도국들간 지역무역협정은 패쇄적이었는데 가장 큰 차이는 EFTA와 EU는 지역자유화와 다자차원의 자유화를 동시에 추진했으나 개도국들간의 지역무역협정은 수입대체 산업화정책의 지역적 보완역할을 주로 했다.

두 번째, 우루과이라운드 기간(1986–1994)으로 지역협정의 방향이 일부 변화하였고 그 속도가 빨라졌다. 지배적인 형태가 선진국과 선진국간(미국–캐나다 FTA) 또는 선진국과 개도국간의 비대칭적 지역무역협정이 주를 이루었는데 많은 개도국들이 미국과 EU와 협정을 체결했다.

세 번째는 WTO 출범과 함께 시작되는 시기로 두 번째 단계와의 주요차이는 양적으로 급증했다는 점이다. 1980~1994년간 연평균 2.1개의 지역무역협정이 발효되었으나, 1995~2003년에는 평균 9개, 2004~2015년에는 15.2개가 되었다.

네 번째는 2013년 이후의 시기로 특징적인 면은 주요 선진국들간 메가 지역무역협정의 등장으로, 그 이전에 주요국들이 중소규모 국가들과 협정을 체결했던 것과 비교가 된다. 빅4(미국, 중국, EU, 일본)들간의 협상이 진행중으로 6가지 조합이 가능한데, 이 중 미국과 일본(TPP: Trans Pacific Partnership), 미국과 EU(TTIP: Transatlantic Trade and Investment Partnership), EU · 일본 EPA,[17] 한

---

17) EU–JAPAN Economic Partnership Agreement. 2018년 7월 18일 양국이 서명

중일 FTA은 진행중이거나 협상이 완료되었으나 미국과 중국, EU
와 중국간의 협상은 없는 상태이다.

　　지역적 특색은 유럽이 가장 지역무역협정이 왕성한 지역으
로 발효 중인 지역무역협정의 21%가 동부유럽과 지중해 연안 국
가들간 협정, EFTA에 의해 통보된 협정들이다. 뒤를 이어 동아시
아 16%, CIS지역 11%, 남미 11%이다.

　　가장 많은 지역무역협정을 체결한 WTO 회원국은 EU이다.
유럽에서는 EFTA와 터키가 그 뒤를 이어 많다. 아시아에서는 싱
가포르가 가장 많은 지역무역협정을 맺고 있고 그 뒤를 이어 중
국, 인도, 일본, 한국 등이다. 남미에서는 칠레가 가장 많은 지역
무역협정을 맺고 있다.

　　지역무역협정의 평균 협상기간은 2년 반이라고 하는데 실제
협상 사례를 보면 그 기간은 상당히 다양하다. 어떤 협상은 6개
월 걸렸으나 다른 경우는 15년 이상 걸렸다. 지역무역협정의 경
우 협상하기 어려운 이슈는 이후 협상을 위해 제외되기도 한다.
동일한 나라들이 여러 지역무역협정에 중복적으로 참여하면서
지역무역협정의 네트워크 밀도가 높아지는 결과(일명 "스파게티
볼" 현상)를 보이기도 한다.

　　그리고 선진국뿐만 아니라 개도국들이 포함되는 메가 지역무
역협정인 TPP, RCEP(Regional Comprehensive Economic Partnership),
Tripartite agreement, Pacific Alliance 등 새로운 추세도 보이고
있다. TPP는 기존에 있었던 브루나이, 칠레, 뉴질랜드, 싱가포르
의 TPSEP(Trans Pacific Strategic Economic Partnership Agreement)의 확

하였고 2019년 2월 1일 발효되었다.

▌주요 Mega FTA 현황

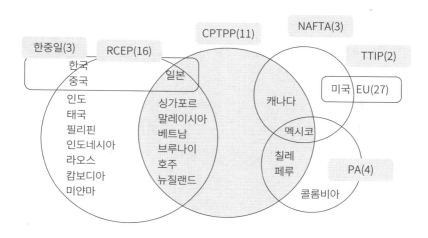

장이며 RCEP은 ASEAN과 호주, 중국, 인도, 일본, 한국, 뉴질랜드를 하나로 묶고자 하는 것이다. Pacific Alliance는 칠레, 콜롬비아, 멕시코, 페루들간의 양자관계를 통합한 것이며, 아프리카에서는 기존의 3개 지역무역협정(SADC: the Southern African Development Community, COMESA: the Common Market for Eastern and Southern Africa, EAC: East African Community)을 통합해서 the Tripartite Agreement를 만들어 결국 대륙차원의 자유무역협정에 이르고자 한다. 그리고 아프리카 북부지역을 통합하려는 시도(GAFTA: Greater Arab Free Trade Area)도 있다.

　만일 이러한 메가 지역무역협정이 완료되어 오래된 양자협정을 대체하게 된다면 스파게티 볼 현상에 변화를 주게 될 것이다. 다만, 메가 지역무역협정들이 타결될 때 스파게티 볼 효과가 얼마나 줄어 들 것인가는, 새로운 협정이 기존협정의 요소를 얼

마큼 포괄할 것인지 아니면 기존의 협정에 단순히 추가가 될 것
인지에 달려있다.

(4) 지역무역협정에 대한 평가

여러 가지 이유로 지역무역협정의 숫자는 계속 증가하고 있
는데, 이러한 양적인 증가뿐만 아니라 최근에는 지역무역협정이
다루는 범위가 넓어지고 그 내용도 복잡해지고 있다. 즉 지역무
역협정의 구조적 측면뿐만 아니라 다루는 이슈의 내용도 더욱 심
도 있게 변하고 있다.

GATT 기간 동안에는 대부분의 지역무역협정이 관세양허만
포함하고 다른 조항은 GATT의 의무와 양허를 확인하는 정도의
경향을 보였다. 그러나 수차례 다자협상으로 상품분야 관세장벽
과 비관세 장벽[18]이 낮아지면서 새로이 등장하는 지역무역협정
의 추세는 정부조달, 서비스, 지적재산권 분야로 확대될 뿐만 아
니라 "behind the border barrier(국경내 장벽)"[19]까지 포함한다.

WTO에 통보된 대부분의 지역무역협정은 복잡하고 긴 본문
과 부속서, 그리고 통관절차, 무역원활화, 표준과 무역보호조치,
서비스와 지적재산권 관련 상세한 규정을 담고 있다. 그리고 아

---

18) 관세 이외의 방법으로 정부가 국산품과 외국품을 차별, 수입을 억제하려는 정
   책을 의미하며 ① 무역을 직접적으로 제한하는 것(수량제한, 수입허가제, 각
   종 수입과징금 및 외환할당 등) ② 간접적으로 무역제한효과를 갖는 것(보건
   위생규정 또는 내국세제도 등) 등 정부의 국내산업 보호와 수출장려 정책의
   수단을 말한다.

19) 관세나 비관세장벽과 같은 국경간 장벽은 아니나, 각국 정부가 1차적으로 국
   내경제를 위해 채택하지만 결국에는 통상정책에 영향을 미치게 되는 정부규
   제나 규범을 지칭한다.

직 WTO 규범이 아닌 투자, 경쟁정책, 환경, 노동, 전자상거래와 같은 이슈들을 포함하는 경우도 늘고 있다.

예를 들면, 2000년 이후 통보된 지역무역협정 중 55%와 54%가 각각 서비스와 투자와 관련된 구체적인 양허를 담고 있다. 59%는 내용의 차이는 있지만 경쟁정책에 관한 일정형태의 규정을 가지고 있다. 46%의 지역무역협정은 WTO 무역관련 지적재산권(TRIPs)협정의 권한과 의무를 단순히 확인하는 수준을 넘어서고 있다. 그리고 46%가 정부조달의무를 두고 있다. 기타 이슈들은 더 낮은 비중으로 포함되어 있는데, 31%는 환경관련, 23%는 전자상거래, 약 22%는 노동관련 규정을 두고 있다. 무역원활화 부문은 WTO 무역원활화 협정 규정을 그대로 따르지는 않지만 역시 거의 모든 지역무역협정이 다루고 있는 것이 공통적인 특징이다.

지역무역협정이 무역분야에서 다층적인 규범을 만들고 국제무역관계의 복잡성을 증가시키는 것인지에 주목할 필요가 있는데 지역무역협정에 있는 조항들이 기존의 WTO 협정을 얼마나 반영하고 있으며 또는 얼마나 벗어나 있는지에 관한 측면이다. 반덤핑, 세이프가드, TBT와 SPS와 같은 이슈에서는 지역무역협정에서 국제규범이 대개 변화 없이 유지되고 있는 반면, 다른 많은 분야에서는 새로운 규범이 지역무역협정에서 만들어지고 있다. 이러한 움직임에 공통적인 특징이 있는지 여부가 또 다른 관심사이다. 많은 경우에 동일한 국가 또는 그룹과 관련되는 지역무역협정들은 유사한 접근방법을 보였다. 예를 들면 서비스와 투자에서 "네거티브 리스트"[20] 접근방법은 NAFTA에 기반하고 있으며 미주와 아시아 태평양 국가들간의 지역무역협정에 주로 나타난다. GATS에서 사용하고 있는 "포지티브 리스트" 접근방법은 많은 아시아 국가들이 선호하는 것으로 보이며, EU는 두 가지를 결합한 하이브리드 방식을 개발하였다. 허브/스포크 관계도 형성되고 있는데, 예를 들면 지적재산권의 허브는 미국, EU, 일본을 중심으로, 그리고 개도국의 경우에는 칠레와 멕시코가 되고 있다.

지역무역협정의 또 다른 측면은 누적 원산지규정과 역외국에 대한 개방성이다. 원산지규정이 복잡해지고 품목별로 매우 구체화 되고 있지만 많은 나라들이 누적개념을 허용하는 추세를 보이고 있다. 유럽과 지중해지역 생산자들간에 상당한 수준의 가치사슬이 형성되고 있는데 이는 원산지 누적개념이 없었으면 불가능했을 것이다. 한편, 기존의 회원국 이외에 제3국의 추가 가입을 허용하는 것은 지역무역협정의 개방성을 나타내는 중요한 지표이다.

끝으로 일부 새로운 지역무역협정에서 더 높은 수준의 규범을 만들고 있어 WTO 회원국들간 무역관계에 차이를 발생시킨다. 이러한 지역무역협정 네트워크의 일원이 된 국가들은 WTO 협정에 없는 더 광범위한 분야에서 더 높은 수준의 규범과 표준을 사용하게 되는데, WTO 중심가치가 국제무역에서 하나의 규범을 모든 국가에 동일하게 적용하는 것이라는 점에서, 참여하지 못한 국가들은 이에서 배제되어 혜택을 받지 못한다는 점에서 우려의 목소리가 있다.

---

20) 열거하는 분야를 제외하고 무든 분야를 적용대상으로 하는 방식으로 대응하는 개념이 포지티브 리스트로 적용한 분야를 열거하고 나머지 분야는 제외하는 방식. 네거티브 방식이 보다 개방적인 방식으로 볼 수 있다.

3. 미국에게 지역무역협정이란?

　　미국은 자유무역주의를 추구하는 방안으로 다자무역체제가 효과적이라는 점은 인정하고 있었다. 즉 1930년대 양자협정 중심으로 추진하던 자유무역협정을 1940년대에 접어들면서 최혜국 대우(MFN) 원칙에 근거한 다자협상으로 전환하였고 ITO의 설립을 주도했다는 점에서 확인할 수 있다.

　　그러나 현실은 경제적 목적만이 있는 것이 아니고 정치적 측면, 안보적 측면 등 추구해야 할 다양한 정책목적이 있기에, 상황에 따라 보다 복잡한 의사결정이 필요했을 것이다. 앞서 살펴본 다자무역체제 내 지역주의의 역사적 변화과정은 최강대국인 미국의 입장이 어느 정도 반영되어 온 것으로 볼 수 있는데 미국이 항상 다자무역체제에 대해 절대적 지지입장을 견지했다고는 보기 어렵다. 경우에 따라서는 다른 정책목표를 위해 전략적 포기 또는 다자체제를 위해 지역무역협정을 수단적 차원에서 활용하기도 했다고 할 수 있다.

　　가장 대표적인 사례가 ITO 설립을 위한 하바나 헌장 협상을 하는 과정에서 소련을 중심으로 한 공산주의에 대응하고, 유럽의 재건을 지원하기 위해 다자체제의 예외로 유럽의 관세동맹을 인정해야만 했다. 더 나아가 자유무역지대로 예외의 범위를 확대한 것은 정치안보적 측면의 고려를 위한 미국의 불가피한 선택이었을 것이다. 그리고 2003년 미국이 제2차 이라크 전쟁을 하면서 동맹국들과 양자 협정을 추진한 것도 유사한 이유로 보인다.

　　즉, 미국은 무역자유화 목적을 추구하면서 다자협상이 여의

발효중인 미국의 지역무역협정

대상국가	범위	발효일
도미니카 공화국, 중미(CAFTA-DR)	상품 및 서비스	2006.3.1
한국 (KORUS)	상품 및 서비스	2012.3.15
캐나다 멕시코(NAFTA)	상품 및 서비스	1994.1.1
호주	상품 및 서비스	2005.1.1
바레인	상품 및 서비스	2006.8.1
칠레	상품 및 서비스	2004.1.1
콜롬비아	상품 및 서비스	2012.5.15
이스라엘	상품	1985.8.19
요르단	상품 및 서비스	2001.12.17
모로코	상품 및 서비스	2006.1.1
오만	상품 및 서비스	2009.1.1
파나마	상품 및 서비스	2012.10.31
페루	상품 및 서비스	2009.2.1
싱가포르	상품 및 서비스	2004.1.4
출처: WTO 지역무역협정 Database		

치 않을 경우 전략적 레버리지 차원에서 지역무역협정을 활용해 왔다. 1980년대 우루과이라운드 개시 이전, 새로운 다자협상에 대하여 회원국의 지지를 얻지 못하자 선택한 방법이 캐나다와의 양자협정, NAFTA 협정, APEC을 추진하여 다자협상출범의 지지를 얻어 냈다. 이러한 미국의 입장을 잘 대변해 주는 것이 "경쟁적 자유화(Competitive Liberalization)" 정책인데, 다자체제만을 고집하지 않고 상황에 따라, 지역무역협정, 양자무역협정 등을 경쟁적으로 활용하면서 무역자유화를 촉진시켰다고 볼 수 있다. 이와 관련하여 우루과이 협상을 통해 설립할 새로운 다자기구의 명칭을 놓고 EU는 MTO(Multilateral Trade Organization)를 주장하였으나 미국은 최종적으로 WTO를 선택했다. 왜 미국은 MTO를 싫어했

을까? 다자협상(Multilateral Negotiation)을 전제로 하는 국제무역질
서는 미국에게는 부담이 되지 않았을까? 미국은 자국의 이익을
관철시키기 위해서라면 다자무역협상뿐만 아니라 상황에 따라서
는 힘을 토대로 한 양자협정, 그리고 이해관계를 공유하는 일부
국가들간의 복수국간 협정 등 지역무역협정도 자유롭게 활용할
수 있기를 원했을 것이다. MTO라고 하면 다자협상을 전제로 하
는 국제기구가 되어 그 자체가 제약요인이 될 수 있음을 우려한
것이 아닐지!

4. 메가 지역무역협정 TPP
(Trans Pacific Partnership, 환태평양 무역동반자협정)

이러한 관점에서 우리가 주목해야 할 지역무역협정은 미국 주도로 추진되었던 TPP이다. 1994년 우루과이라운드 이후 세계 무역질서에 가장 큰 영향을 미칠 지역무역협정으로 보인다.

TPP는 미국, 일본, 싱가포르, 브루나이, 말레이시아, 베트남, 호주, 뉴질랜드, 캐나다, 멕시코, 페루, 칠레 등 12개국이 참여한 메가 지역무역협정으로 2015년 10월 5일 타결되었고 2016년 2월 4일 공식적으로 서명되었다. 2005년 타결된 칠레, 브루나이, 뉴질랜드와 싱가포르 4개국 간 TPSEP(Trans Pacific Strategic Economic Partnership Agreement or Pacific-4) 협정에 2008년 세계 제1위 경제대국인 미국이 참여하면서 시작된 확대협상에 호주와 캐나다, 남미의 멕시코와 페루, 아시아의 말레이시아와 베트남에 이어, 세계 제3위 경제대국인 일본도 2013년에 참여했다. 주요 선진국들과 개도국이 함께 참여한 거대 경제권의 메가 지역무역협정으로 발전하여 10년 만에 협상이 완료되었다.

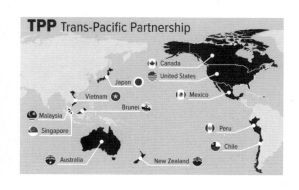

TPP가 비준되면 세계 무역에 엄청난 영향을 미칠 국제무역협정이 될 것이 분명하다. TPP 12개국의 경제규모는 전 세계의 37.4%(28.8조 달러), 교역규모는 25.9%(8.5조 달러)를 차지할 뿐만 아니라, 동

협정이 다루고 있는 이슈의 범위와 내용도 그 어떤 지역무역협정보다도 넓고 깊기 때문이다. 그러면 왜 미국은 이러한 메가 지역무역협정인 TPP를 추진하게 되었을까?

(1) 배경

① 다자협상의 부진

WTO 출범으로 회원국과 국제통상 규범이 확대되었을 뿐만 아니라 보다 강력한 분쟁해결절차도 마련되어 국제통상질서에서 사실상 The millennium(천년왕국)이 이루어지는 듯 보였다.

그러나 다음 장에서 살펴볼 WTO 출범 후 첫 다자 라운드 DDA가 계획대로 진행되지 못하자, 미국은 새로운 대안을 찾기 시작한 것으로 보인다. 2003년 칸쿤 각료회의가 실패하고 이후 2005년 홍콩 각료회의에서도 실질적인 성과를 얻지 못했다. 마지막 시도로 2008년 제네바에서 소규모 각료회의를 개최하였으나 이 역시 성공하지 못하자, 같은 해 미국은 칠레, 브루나이, 뉴질랜드와 싱가포르 4개국으로 이루어진 TPSEP에 참여했다.

이는 1980년대 미국이 새로운 라운드의 출범에 대하여 다른 나라들로부터 지지를 받지 못하자 이스라엘, 캐나다와 양자협정을 추진하고, 우루과이라운드 협상과정에서도 협상이 난관에 처했을 때 NAFTA, APEC 등 지역무역협정을 활용했던 것을 떠올리게 하는 대목이다.

② 미중 경쟁의 심화

또 다른 측면의 중요한 점은 TPP가 중국의 급부상에 따른 미중간 경쟁과 관련이 있다는 점이다. WTO 출범 당시와 비교해

20년이 지난 시점의 세계 경제상황은 현저히 달라졌다. 미국, EU, 일본, 캐나다(Quad)의 전 세계에서 차지하는 GDP 비중이 3/4에서 1/2로 줄어든 반면에 신흥개도국인 BRICS(브라질, 러시아, 인도, 중국, 남아공)의 비중은 8%에서 23%로 급상승하였다. WTO 내에서 미국을 중심으로 한 선진국의 영향력이 현저히 줄었다는 점이다. 여기에 더 중요한 점은 중국이라고 하는 특정 국가의 놀라운 성장이다. WTO가 출범할 당시 중국은 미국 GDP의 10%에 불과했으나, WTO 가입 이후 13년도 안 되어서 그 비중은 미국의 60%에 육박하면서 세계 2위 국가가 되었다. 1995년 세계 2위였던 일본의 경제규모는 전세계의 17.9%에서 5.9%로 줄어든 반면 중국은 2.4%에서 15.1%로 성장한 것이다. 이러한 상황에서 급성장하는 중국을 견제할 필요가 생긴 것이다.

　　미중간의 경쟁은 오늘날 국제관계에서 빼놓을 수 없는 중요한 특징 중의 하나이다. GATT시대 경제적인 관점에서 가장 큰

▌ 전세계 GDP 비중(%)

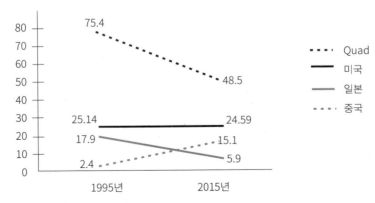

출처: The GlobalEconomy.com

문제는 미국과 EU간의 차이를 극복하는 것이었다. 그러나 이 두 나라는 기본적으로 무역이슈에서 동일한 시각을 가지고 있었다. 경제문제는 GATT, 안보문제는 NATO가 담당을 하였는데 모두 미국 주도로 설립되었으며 서로 보완적이고 협조적이었다. 1960년대 이후 일본이 경제적 측면의 경쟁자였으나 군사적으로는 동맹국이었다. 다만, GATT 시대에 미국이 직면한 최대의 위협은 소련과 대치한 안보분야였으나 소련의 무역비중은 크지 않았을 뿐만 아니라 미국과의 교역규모도 미미한 수준이었기에 경제 및 안보차원에서 미국의 대응은 그리 어렵지 않았다.

그러나 WTO 시대에는 상황이 크게 달라졌다. 급부상한 중국이 경제뿐만 아니라 군사안보적으로도 경쟁자가 되었다. 중국과의 무역관계는 더욱 심화되어 미국의 총 교역에서 중국이 차지하는 중국의 비중은 날로 커지고, 반덤핑조치와 상계관세의 절반, 미국이 관련된 WTO 분쟁의 2/3가 중국 때문에 발생했다. 특히 대중국 무역적자는 계속 확대되고 있다. 이러한 상황에서 중국에 대한 견제가 불가피하게 되었는데, 그 방안의 하나가 중국을 제외한 아시아 태평양지역의 국가들과 거대 지역무역협정을 체결하는 전략이다.

(2) 주요내용

TPP 상품분야는 약 97% 이상의 높은 수준의 포괄적 자유화를 하였고, 서비스 분야도 개방의 수준이 높아, 참여국들이 기체결한 주요 양자 FTA에 비해 추가 시장개방을 한 국가도 있다.

규범분야는 총 30개의 장(Chapter)으로 구성되어 24개의 장으로 구성된 한미 FTA와 비교하면 규제조화, 중소기업, 경쟁력 비즈니스 촉진, 협력·역량강화, 개발 등 6장이 추가 되어있으며 기존 분야에서도 추가적인 요소가 있다.

(3) 향후 전망

TPP 타결 이후 일부 국가(콜롬비아, 코스타리카, 파나마, 필리핀, 한국, 대만 등)가 참여의사를 보이고 있다. 그러나 트럼프 대통령 취임 이후 미국은 2017년 1월 TPP 탈퇴선언을 하였다. 부시행정부에서 시작하여 오바마 행정부를 거치면서 미국이 주도한 거대메가 지역무역협정이 중단되었다. 대신 트럼프 대통령은 양자적 접근을 주장하고 있다. NAFTA 개정협상으로 시작하여 USMCA라는 새로운 지역무역협정을 체결하였고, 한미 FTA의 개정도 완료하였다. 그리고 TPP에 참여하였던 일본과는 양자적으로 TAG 협상을 하고 있다. 힘에 근거한 양자적 접근을 우선시하고 있는 것이다.

그러나 미국의 TPP 탈퇴 이후, 2017년 5월 일본의 주도로 11개국간 협상을 시작하여 2018년 1월 CPTPP(Comprehensive and Progressive TPP)를 타결시키고 3월에 서명을 했다. CPTPP는 미국이 주장해 포함된 22가지 민감한 조항[21])을 유보하였으나 가급적 TPP의 원형을 유지함으로써 미국이 입장을 바꾸어 복귀할 수 있는 여지를 남겼고 지속적으로 미국의 참여를 유도하고 있다. CPTPP의 발효는 6개국 이상의 비준 시 이루어지는데, 2018년 10

---

21) 상품양허의 수정은 없이 협정문 일부만 적용을 유예했는데, 투자계약 및 투자 인가에 대한 중재청구, 생물의약품 자료보호기간 등이다.

월 31일 기준 호주·뉴질랜드·캐나다·일본·멕시코·싱가포르가 비준을 마침으로써 2018년 12월 30일 발효되었다.[22] 트럼프 대통령은 TPP내용의 재협상을 조건으로 재가입의사를 시사하는 발언도 하였으나 전망은 불투명한 상황이다.

TPP와 CPTPP 비교

	TPP(美포함)	CPTPP(美제외)
회원국	12개국: 미국, 일본, 싱가포르, 브루나이, 말레이시아, 베트남, 호주, 뉴질랜드, 캐나다, 멕시코, 페루, 칠레	11개국: 일본, 싱가포르, 브루나이, 말레이시아, 베트남, 호주, 뉴질랜드, 캐나다, 멕시코, 페루, 칠레
세계 인구비중	11.1%(8억명)	6.9%(5억명)
세계 GDP비중	37.4%(28.8조 달러)	13.5%(10.2조 달러)
세계 무역비중	25.9%(8.5조 달러)	15%(4.8조 달러)
對한국 무역비중	73.4%(7,723억 달러)	38.2%(4,022억 달러)

미국은 다자통상체제의 절대적 지지자는 아니다. 다자체제를 선호하기는 하지만, 상황에 따라서는 지역주의를 다자체제의 대안으로도 활용하는 경쟁적 자유화 정책을 추구하고 있다. 그러면 왜 미국은 보다 효과적인 다자협상인 WTO DDA를 성공시키지 못했을까?

---

22) 2018년 11월 15일 베트남이 7번째로 비준을 마쳤다.

WTO DDA 협상은
왜 실패하게 되었는가?

　　2018년은 WTO가 출범한 지 23년째가 되는 해이다. 만일 국제기구를 장 피아제의 어린이 인식발전 단계에 적용해 본다면 이미 어엿한 청년으로 성장해 있어야 한다. 그러나 WTO는 출범 후 6년차인 2001년 뉴 라운드라 불리는 DDA 협상 개시를 선언한 이후 15년이 넘는 동안 협상타결에 이르지 못하고 있다. 국제기구로서 그 단계에서 성장을 멈춘 것으로 볼 수 있다. GATT시대에는 우루과이라운드에 이르기까지 8차에 걸친 다자협상이 다소 기간의 차이는 있지만 모두 합의에 성공했다. 그러나 WTO 시대 첫 다자협상인 DDA는 여러 차례의 우여곡절을 겪었고 거의 합의단계에 이르기도 했으나 결국 실패하여, 현재는 미완의 라운드로 끝날 것으로 보인다. 왜 이러한 일이 생기게 되었을까? WTO DDA협상의 지나온 길을 더듬어 보는 것은 현재의 세계통상질서를 이해하고 향후 미래를 전망하는 데 밑거름이 될 것이다.

1. DDA 이전(싱가포르에서 도하까지)

1995년 세계무역기구(WTO)를 출범시킨 이후 회원국들은 향후의 계획에 대하여 고민하기 시작했다. 두 가지 문제에 직면했는데, 첫 번째는 협정상 기 합의한 의제(Built in Agenda)를 넘어서는 "새로운 협상을 할 것인가", 새로운 협상을 한다면 "어떠한 이슈를 협상할 것인가"였다.

EU는 새로운 협상에 가장 적극적이었는데, 무역장관(Trade Commissioner)이었던 Leon Britton은 아래와 같이 언급했다.

"그간 논의하지 못한 무역자유화에 관한 엄청난 부분이 남아 있으므로 향후 협상을 통해 다루어야 하는 것은 너무나 명백하다. 그러므로 결론은 매우 간단한데 뉴 라운드를 하는 것이다."

그는 초기에 새로운 협상을 시작하려는 계획을 회원국에 공식적으로 설명하지 않았다. 대신 개인적으로 접근하면서 회원국으로부터 갈등을 유발하지 않으면서도 자유롭게 활동했다.

EU만이 뉴 라운드를 지지한 것이 아니었고, 무역의존도가 높은 신흥개도국들도 같은 생각이었다. 1998년부터 중간규모 15개 국가로 구성된 비공식 그룹인 "Friends of a New Round"가 움직이기 시작했다. 5개 선진국(호주, 체코, 헝가리, 뉴질랜드, 스위스)과 남미국가(아르헨티나, 칠레, 코스타리카, 멕시코, 우루과이), 그리고 아시아 국가(홍콩, 한국, 싱가포르, 태국)와 모로코 등이었다. 브라질과 남아공은 포함되지 않았지만 그들 국가의 지지는 매우 중요했다.

대부분의 선진국들도 정도와 시점에 차이는 있었지만 뉴 라운드의 출범을 지지하였다. 미국만은 뉴 라운드에 모호한 입장이었는데, 정부교체, 대통령과 의회의 관계, 지역별 이해관계, 무역과 외교 정책목표와의 관계 등 다양한 요소들이 영향을 미쳤다. 그리고 일본도 신중한 입장을 보였는데 농업분야에서 추가로 어떠한 요구를 받을지에 대한 우려가 가장 컸다.

반면, 뉴라운드에 대해 가장 반대를 한 것은 개도국이었는데, 그들은 우루과이 협상결과의 이행에 우선적인 관심이 있었다. 그래서 현 상태의 변화가 그들에게 불리하게 되지 않을까, 새로운 협상의 결과 추가로 정책적 여지를 잃게 되지 않을까를 걱정하였다. 최빈개도국들은 선진국 내 MFN 관세 인하가 확대되어 그들이 누려온 특혜가 줄어들 것을 우려했다. 인도가 뉴 라운드 반대의 선봉에 섰으며 초기에는 남미국가(쿠바, 도미니카, 엘살바도르, 혼두라스), 아시아(인도네시아, 말레이시아, 스리랑카), 중동(이집트, 파키스탄) 아프리카 국가(나이지리아, 우간다)들이 주로 반대하였다.

뉴 라운드 논의는 EU가 몇 가지 이슈를 제안하면서 주도했는데, 일명 "싱가포르 이슈"[1]로 알려진 경쟁정책, 투자, 정부조달, 무역원활화와 노동이슈였다. 농업 이슈는 EU에게는 방어적인 이슈였지만, 많은 국가들의 관심사였기에 새로운 협상을 시작할 수 있게 하는 유인요소이기도 했다. EU의 이러한 입장은 협

---

1) 1996년 싱가포르에서 열린 제1차 WTO 각료회의에서 다자규범 제정 필요성이 제기된 의제들로 정부조달 투명성, 무역원활화, 경쟁정책, 투자촉진 등이다.

상 내내 농업에 공세적 또는 방어적 입장을 가진 주요 국가들과
의 관계에 반영되었고, 협상을 매우 복잡하게 만들었다. 특정 국
가에게 도움이 되지만 다른 국가에게는 부담이 되는 이슈들에
관해서 모두가 만족할 수 있는 적절한 조합을 만든다는 것은 참
으로 어려운 작업이었다. 1999년 시애틀에서 개최될 제3차 각료
회의(MC: Ministerial Conference)를 앞둔 이러한 모순적인 상황은 아
래와 같이 요약할 수 있었다.

> "유럽 국가들은 싱가포르 이슈를 포함하는 뉴 라운드를 원
> 했으나 개도국들은 절대 받을 수 없는 것이었다. 미국, 호주,
> 남미의 농산물 수출국들은 농산물시장을 추가 개방하고 특정
> 농업보조의 폐지를 원했는데 유럽, 일본, 한국, 노르웨이, 스
> 위스는 절대 받아들일 수 없는 것이었다. 일본이 주도한 일부
> 그룹은 반덤핑 조치를 제약하는 규범협상을 희망했는데 미국
> 은 절대 받을 수 없는 이슈였다. 미국은 WTO가 최소한 무역
> −노동 작업반을 만들어 노동문제를 다루고자 했으나, 개도국
> 이 절대 수용할 수 없는 이슈였다. 개도국들은 우루과이 라운
> 드 합의를 일부 수정하기를 원했는데 이는 미국, 유럽, 일본
> 이 수용할 수 없는 것이었다."

이와 같은 주요 국가들의 입장은 향후에 다소 변동이 있었
지만 기본방향은 그대로 유지되었다.

(1) 제3차 시애틀 각료회의(MC 3, 1999년)

1999년 11월 30일 각료회의를 위해 각국 대표단이 시애틀에 도착했을 때 뉴 라운드의 출범은 각료들이 해결하기에 무거운 과제로 보였다. 처음에는 시위대가 대규모이긴 했지만 조직화되지 않았던 것으로 생각했으나 이전의 싱가포르 각료회의(MC 1, 1996년), 제네바 각료회의(MC 2, 1998년)와 비교해 훨씬 더 강력해지기 시작했다.

몇 가지 요소가 시애틀 각료회의를 매우 어려운 도전으로 만들었는데, 그 중의 하나가 각료회의 이전에 진행되었던 "Ruggiero" 사무총장 후임 선출 문제였다. 선진국이 지지한 뉴질랜드 전 수상 "Mike Moore" 후보

| 시애틀에서 개최된 제3차 WTO 각료회의(MC 3) 개회식

와 개도국이 지지한 태국 부수상 "Supachai" 후보간 합의도출에 실패하여, 절충안으로 4년이었던 사무총장의 임기를 Mike Moore가 3년, Supachai가 3년으로 나누어 맡기로 타협한 것이다. 이로 인해 기존의 선진국과 개도국간의 분열은 악화된 상황이었다.

어렵게 타협이 되긴 했지만 각료회의를 앞두고 오랜 기간 사무총장이 공석으로 있으면서 행정적 준비 등이 원활하지 못했다. Moore 신임 사무총장은 각료회의를 불과 3개월 앞두고 취임하였고, 새로 임명된 사무차장들과는 시애틀에 와서야 서로 인사

▎역대 WTO 사무총장

❶ 초대 Peter Sutherland WTO 사무총장(1995년 1월~4월)
❷ 2대 Renato Ruggiero WTO 사무총장(1995년 5월~1999년 4월)
❸ 3대 Mike Moore WTO 사무총장(1999년 9월~2002년 8월)

❹ 4대 Supachai Panitchpakdi WTO 사무총장(2002년 9월~2005년 8월)
❺ 5대 Pascal Lamy WTO 사무총장(2005년 9월~2013년 8월)
❻ 6대 Roberto Azevedo WTO 사무총장(2013년 9월~현재)

를 했다. 각국의 장관들도 비슷한 상황이었다. 미국의 USTR, EU 무역장관, 캐나다와 호주의 장관들은 시애틀 각료회의 이전에 서로 만난 적도 없었다. 핵심 국가들이 함께 할 시간도 없었고 협상준비도 제대로 하지 못했던 것이다.

　　종종 행사를 주최한 국가가 충분한 사전협의 없이 일을 진행하는 경우 문제가 악화되곤 하는데 시애틀에서도 이러한 일이 벌어졌다. 뉴 라운드의 필요성에 대해서는 미국 정부 내에서 이견이 있었다. 바쉐프스키 USTR은 처음부터 다소 부정적이었던 반면, 국무부와 국가안보위원회는 긍정적이었는데 국무부와 국가안보위원회가 국내 논의에서 승리했다. 그들은 케네디 대통령이 이전에 했듯이 클린턴 대통령의 이름을 라운드에 사용하는

뉴 라운드를 기대했었다. 그러나 1962년 케네디 대통령이 GATT
뉴 라운드(케네디 라운드)를 제안할 당시는 노조의 지지를 얻고 있
었으나, 클린턴 대통령은 1993년 NAFTA 비준과정에서 노조와
갈등으로 사이가 좋지 않았다.

▌사전 준비작업

뉴 라운드를 위한 준비작업은 1999년 5월 부다페스트 비공
식 "Friends of a New Round" 각료회의에서 시작되었다. 브라
질, 캐나다, EU, 인도, 일본, 미국 그리고 일반이사회 의장인 탄
자니아의 Ali Mchumo가 초청되었다. 이들은 차기 각료회의에서
뉴 라운드를 출범시키자는 원칙에는 공감하였으나 합의에는 이
르지 못했다. 주요국들의 뉴 라운드에 대한 목표가 상이했을 뿐
만 아니라 관심사항과 민감사항에 대한 입장차이가 명백했기 때
문이다.

이러한 상황에서 최선의 방법은 제네바 실무논의에서 가능
한 이견을 최소화한 각료선언(안)을 만드는 것이었다. 그러나 제
네바에서의 논의는 초안을 반복하며 오히려 쟁점이 더 늘어나서
장관들에게 보내진 각료선언(안)은 33페이지에 402개의 브라켓을
포함했다. 이는 제네바 대사들이 장관들에게 단체로 불합격할 객
관식 시험을 낸 것과 같은 것이었다.

▌시애틀 외부에서의 전쟁

워싱턴주 국제무역위원회는 1998년 5월부터 USTR과 국무부
를 상대로 WTO 각료회의 유치 캠페인을 시작했다. 워싱턴주는
미국에서 가장 무역의존도가 높은 지역으로 알려져 있었다. 그래

서 각료회의는 관광객 유치를 통한 지역경제에 기여할 뿐만 아니라 정치적 기회도 제공해 줄 것으로 기대했다. 1999년 1월 시애틀이 개최지로 선정되었을 때 시애틀이 각료회의로 인해 혼란의 도가니로 빠질 것이라고는 아무도 상상조차 하지 못했을 것이다. 그래서 각료회의 준비와 홍보에는 많은 노력을 쏟았지만 회의 안전문제에는 큰 관심을 두지 않았다.

반면, 세계화 반대자들은 시애틀시가 회의를 준비하는 만큼의 노력을 회의저지에 쏟았다. 시위에 참여한 수십 개의 단체들은[2] WTO가 환경과 제약분야 등 새로운 분야로 진출하거나 전통적인 관심에서 더 나아가는 점에 불만을 가지고 있었다. 일부 단체들은 특정이슈에 있어서 서로 상반된 입장을 가지고 있었으나, WTO에 대해서만은 모두가 적대적이었다. 각료들이 시애틀에 도착할 때 NGO들도 도착했다. NGO들은 도로를 점령하고 분노를 표출했다. 시위는 11월 29일부터 12월 3일까지 지속되었는데 11월 30일에 최고조에 이르렀다. 가장 큰 행사는 미국의 산업조직 노동-의회 연맹(American Federation of Labor-Congress of Industrial Organizations)이 조직한 행진이었다. 4만 명 이상이 참여했고 수천 명이 대열에서 이탈하여 중심가로 나아갔는데 이러한 움직임에 동참하는 시민이 점차 늘어나면서 사태는 악화되었다.

---

2) Alliance for Sustainable Jobs and Environment, Amazon Watch, the Anarchist Action Collective, Christian Aid, Consumers International, the Earth Justice Legal Defense Fund, the French Peasants Confederation, Friends of the Earth, Greenpeace, the Humane Society, the Institute for Local Self-Reliance, Oxfam International, the Ruckus Society, the Sierra Club, the Third World Network and United Students Against Sweatshops 등

▌ **제3차 WTO 각료회의 전날(1999.11.29.) 시애틀 도심에서 벌어진 시위**

시위는 WTO 각료회의 개막식을 연기시켰고 시애틀 시장은 주 비상사태를 선언하였다. 통행금지가 실시되고 국가방위군과 시애틀 주경비대가 질서유지를 담당했다. 시장은 시애틀 중심가에 군사지역을 설정하는 비상명령을 발동했고 경찰은 시위금지 라인을 설정하고 출입을 통제하였다. 시애틀의 상황은 반세계화 그룹과 정책결정자들에게 있어 중요한 전환점으로 보였는데 운동가들은 그들의 승리로 회고한다. 모바일과 인터넷이라고 하는 첨단의 기기를 사용하여 효과적으로 시위를 조직한 주요한 첫 번째 사례가 되었다. 1960년대 이후 폭력과 거리시위를 우려하지 않았던 미국의 평안함을 깨는 사건이 되었고, 경찰학교와 위기관리 전문가에게는 교과서와 같은 사례가 되었다.

▍ 시애틀 내부의 전쟁 : 노동이슈

노동이슈는 각료들이 만나기 전에는 의제가 아니었고 미국만의 관심사였다. 그러나 외부에서 거리시위가 이루어지는 가운데 내부에서는 주최국 미국의 요청 때문에 서둘러서 동 이슈를 논의할 그룹이 만들어졌다.

각료회의 전 EU와 미국은 각각 무역과 노동 관계를 검토하는 그룹을 만들자고 제안을 했으나 각료회의(안)에는 모두 포함되지 못했다. 두 국가는 그들의 목적을 표현하는 데 조심스러웠다. 바셰프스키는 대표단들에게 제재가 뒷받침되는 노동 조항은 단지 장기적인 정책 목표일 뿐이라고 했고, EU는 ILO/WTO 상설합동 포럼에서 여러 이슈를 검토하자고 제안한 정도였다. 그러나 시위가 한창 고조되던 상황에서 클린턴 대통령의 인터뷰가 12월 1일자 언론(Seattle Post-intelligencer)에 게재되었는데 매우 급진적 내용이었다.

"우리가 해야 할 첫 번째는 WTO 내 노동에 관한 작업반을 만들어 미국의 입장을 채택해야 한다. 그리고 작업반은 핵심 노동기준을 만들어서 모든 무역협정에 포함되도록 해야 한다. 궁극적으로 무역협정 조항을 위반하면 제재가 이루어지는 시스템을 선호한다."

이러한 인터뷰는 미국을 포함한 대부분의 대표단을 당황하게 만들었다. 그리고 시위대와 각료회의 주최측에게 동 이슈에 대해 어떠한 것이라도 해야 한다는 부담이 되었다.

노동이슈를 다루기 위한 논의그룹이 급하게 구성되었다. 코스타리카 Ms Gonzalez 통상 부장관이 그룹의장으로 선정되었다. 그녀는 두 번의 회의를 했는데, 첫 회의는 모든 참가국들이 자유롭게 발언할 수 있는 전체회의였고, 두 번째는 각료선언문의 내용을 논의하는 소규모 회의였다. 그녀는 "첫 회의에서 이보다 더 험악한 WTO 회의를 경험한 적이 없다"고 회고했다. 대부분의 회원국들은 엄청나게 격노했는데 이유는 동 이슈에 대한 논의를 원치 않았고 관련 그룹을 만드는 것도 반대했었다. 회원국들간 신뢰가 무너지고 예의조차 상실했는데 이는 장기간 사무총장 선출과정으로 인해 쌓였던 피로가 이를 계기로 폭발 직전 상황에 이른 것이다. 일부 개도국은 노동관련 그룹을 만드는 것은 미국과 과거 노동당 소속이었던 Moore WTO 사무총장의 음모에 각료회의가 납치되는 것이라고 보았다. 이러한 어려운 상황임에도 불구하고 폐막 당일 새벽 4시까지 작업을 하여 인도를 제외한 모든 나라가 동의하는 문구를 만들었으나, 각료회의가 아무런 결정 없이 끝나게 되어 어렵게 만든 문구는 세상의 빛을 보지 못한 채 결국 사장되었다.

▌기타 이슈

노동문제에서만 첨예한 대립을 보인 것이 아니었는데, 환경, 농업 및 싱가포르 이슈 등에 대한 대립만으로도 각료회의는 침몰하기에 충분했다.

환경이슈는 복잡한 전략적 이해관계로 인해 의도하지 않은 그룹들이 만들어졌다. 회의장 밖의 "그린 그룹"은 산림재에 대한 관세철폐에 반대하였다. 일본은 협상을 통해 산림과 수산자원의 지속가능에 기여할 수 있는 규범과 원칙을 마련해야 한다고 주장하였다. 다른 나라들은 수산과 산림에 대한 보조금 철폐를 지지했는데 호주, 아이슬랜드, 뉴질랜드, 필리핀과 미국 등이었다.

시애틀 각료회의에서 농업이슈에 관한 각국의 입장은 우루과이라운드와 비슷했다. 농산물 수출 선진국과 개도국의 연합인 케언즈 그룹은 농업도 다른 분야처럼 수출보조금은 유지될 정당성이 없고 농산물 시장접근은 다른 상품과 같은 조건으로 보장되고 상업적 기준으로 이루어져야 한다고 주장했다. 모든 무역왜곡 국내보조는 철폐되어야 하며 비왜곡적인 형태로만 인정되어야 한다고 했다. 그러나 다른 개도국들(인도, 쿠바, 도미니카, 이집트, 엘살바도르, 온두라스, 스리랑카, 우간다, 짐바브웨 등)은 식량안보 필요성을 주장하면서, 정부보조를 받는 선진국들과의 불공정경쟁에 대한 우려를 표시하였다. 선진국인 EU도 조심스런 접근을 했는데 특히, 국내보조에 대해서는 농업의 다기능적 측면과 비무역적 우려에 대한 고려가 필요하다는 입장이었다. 그리고 논의의 진전이 공공재 성격을 지니는 환경, 농촌지역의 지속적인 활력유지 등에 부정적 영향을 주어서는 안 된다고 했다. 일본도 역시 신중했다. 미국의 입장은 농민과 농촌에 대한 비무역왜곡적인 지원을 장려하면서도 농업보조의 대폭 삭감을 요구하는 절충적인 입장이었다. 이러한 입장은 전반적으로 우루과이라운드에서 취했던 내용의 반복이었다.

싱가포르 이슈 그룹은 우선적으로 투자와 경쟁정책을 다루었고 무역원활화와 정부조달에는 상대적으로 적은 시간을 할애

했다. 제안국인 EU는 WTO가 국제적 투자에 관한 다자적 규범체
계를 만들고 외국인 직접투자에 관한 안정적이고 예측 가능한
여건을 조성해야 한다고 했다. 단기적 자본이동보다는 외국인 직
접 투자에 중점을 두고 투자유치국은 외국기업의 국내투자 활동
을 규제할 수 있는 권한을 보유하며 시민사회의 우려인 투자자
의 책임도 고려하기로 했다. 일본, 스위스 등 선진국뿐만 아니라
개도국으로 코스타리카, 홍콩, 중국, 한국 등도 이러한 논의를 지
지하였다. 그러나 다른 개도국들은 반대하였고, 케냐는 아프리카
그룹을 대표하여 반대입장을 보였다. 경쟁정책에 대해서 EU는
WTO가 경쟁법과 경쟁정책에 관한 구속적 원칙과 규범 등 기본
적인 틀을 만들기 위한 협상개시를 요구하였다. 이를 지지한 국
가는 일본, 한국, 노르웨이와 터키 등이었다.

그러나 미국은 투자와 경쟁정책 두 이슈에 대해서 제안서를
내지 않았고, 두 이슈를 포함해 어떠한 싱가포르 이슈에 관해서
도 합의에 이르지 못했다.

▎결과

결국 각료회의는 실패했다. 시위가 협상에 미친 영향에 대하
여 다양한 견해가 있었는데, 많은 협상가들은 시위가 없었더라도
각료회의가 실패했을 것이라고 생각했다. WTO 회원국들은 나흘
간의 각료회의를 통해 이견을 좁히고자 했지만 이견의 격차는
너무나 컸다. 시간도 부족했다. 남미 카리브와 아프리카 국가들
은 협상 과정을 비민주적으로 보았으며 어떠한 합의도 저지할
것이라고 위협하고 있었다.

회의장 안과 밖으로 시끄러웠던 각료회의였음에도 불구하고 희망적 내용도 있었다. 이 모든 혼란 중에 멘도자 사무차장은 이렇게 회상했다.

카타르 장관은 무어 사무총장에게 차기 각료회의 개최지로 도하를 제안하였다. 사무총장은 어이없다는 표정으로 그를 바라보면서 "어떻게 그런 나라가 우리가 지금 경험하고 있는 회의를 유치할 수 있는가? 정신 나간 거 아닌가"라고 생각했을 것 같았다. 그러나 "물론이죠, 당신의 제안을 회원국에게 전할께요"라고 말했다.

2001년 2월 8일 대부분의 국가가 싱가포르 각료회의 실패 원인이 누구에게 있는지를 반추하고 있을 때, WTO 일반이사회는 카타르를 차기 각료회의 개최지로 결정했다.

(2) 도하 각료회의(DDA 출범)

시애틀 각료회의는 WTO 출범 4년 만에 열렸고, 도하 각료회의는 6년 되는 해에 개최되었다. 두 각료회의의 가장 큰 차이는 많은 국가들이 시애틀 각료회의에서 WTO체제에 대한 대중의 비난이 무엇인지를 경험하였기에 다시는 이런 실수를 하지 않아야겠다고 다짐한 것이다.

우선, 뉴 라운드의 출범을 막았던 것은 NGO가 아니라는 깨달음이었다. 거리시위가 상황을 어렵게 하였지만 문제는 WTO 내에서의 준비 부족이었다는 것이다. 무어 사무총장도 이러한 점을 인정했다. 시애틀에 도착했을 때 너무 큰 이견을 가지고 있었

| DDA(도하개발라운드) 출범에 합의한 WTO 제4차 각료회의(MC 4)

던 것이다. 그래서 무어 사무총장은 차기 각료회의를 위해 무엇을 해야 할 것인가를 고민하기 시작했는데, 시애틀 각료회의 사전협상 구조에 근본적인 문제가 있다고 생각했다. 사전협상에 참여한 최빈개도국은 하나도 없었다. 처음부터 그들 국가는 소외된 것이었다. 무어 사무총장은 이러한 문제를 해결하기 위해서는 개도국, 특히 최빈개도국의 관심사를 다루어야 한다고 생각했는데 개발라운드가 나오게 된 배경이 되었다. 가장 소외되었던 최빈개도국들에게 WTO가 희망이 될 수 있도록 그들을 최대한 포용하는 것이 사무총장의 역할이라고 깨달은 것이다.

　　2000년과 2001년 무어 사무총장은 아프리카와 카리브 태평양 지역 국가를 최대한 자주 방문하면서 협상 진행상황을 설명하고 신뢰를 얻기 위해 노력했다. 그는 더 많은 자원을 개도국 능력배양에 배정했고 펀드를 확보해서 아프리카와 아랍지역 그룹형성을 지원하였다. 사무총장은 대부분의 주말을 정치/사회 목적의 파티와 바비큐 행사에 할애하였는데 특히, 제네바 주재 대사들간의 신뢰형성에 노력하였다. 특히, 제네바에 공관이 없는 국가들에 더 많은 관심을 보이면서 그들이 소외되지 않고 있다는 확신을 주려고 노력했다.

개도국 정부와 직접적인 소통의 최대 장점은 제네바 현지 대사보다 각 국가 본부의 입장을 더 정확히 파악할 수 있었다는 것이다. 각국 정부와 직접 소통함으로써 일부 국가의 제네바 대사들은 본부의 장관보다 뉴 라운드에 더 부정적이라는 점도 알게 되었다. 대사보다 장관이 더 유연할 수 있고, 도하에서 뉴 라운드에 대한 진전이 가능할 수 있다는 확신도 가지게 되었던 것이다. 단, 인도만은 예외였다.

무어 사무총장은 2000년의 대부분 시간을 회원국들과 협의하는 데 보냈다면, 2001년은 지난 실패를 재현하지 않기 위해 각료선안(안) 작성에 전력을 다했다. 제네바에서의 작업은 공식과 비공식 회의가 함께 진행되었다. 공식차원에서는 일반이사회를 자주 열어 끝장 토론을 했고, 비공식적으로는 일반이사회 의장이 회원국과 접촉하며 그들의 관심사항과 민감사항을 파악하여 타협점을 모색하였다.

2001년 7월이 되어 뉴 라운드를 개시할 것인지 여부와 어떠한 이슈를 포함할 것인지 결정할 시점이 되었다. 또다시 각료회의가 실패할 경우를 대비한 시나리오도 준비해야 했다. 2001년 봄, 사무국이 플랜 B가 준비되었는지 질문 받았을 때, 사무총장은 플랜 B-G까지 준비되었다고 했다. 사무총장과 사무국 직원들은 미국이 의회로부터 신속협상권한(TPA: Trade Promotion Authority)을 받지 못해 미국입장이 제한되는 경우까지도 감안했다. 이 경우 문제는 미국의 제약과 EU가 요구하는 광범위한 이슈를 어떻게 조화시키느냐와 개도국들의 성공가능성에 대한 불신을 어떻게 다룰 것인가 하는 점이었다.

7월까지도 상황은 불확실했다. 7월말 일반이사회에서 현 상황을 타개하기 위한 방안이 논의되었는데, 여전히 우루과이라운드 합의사항 이행이 중요하다는 인식이 여전히 주류를 이루고 있었다. 여름 휴가 이후 열린 9월초 일반이사회에서 의장은 제네바에서 이슈가 해결되지 않으면 장관들이 도하에 도착할 수 없다는 단호한 입장을 보였다. 그러나 이러한 접근도 별 효과가 없었다. 그래서 그는 9월 26일 6개의 브래킷이 있는 9페이지 각료선언(안)과 이행과 관련 7개 브래킷을 담은 11페이지 결정(안)을 회람시켰다. 농업에 관한 명확한 용어는 피했다. 농업은 라운드 출범 여부를 결정하는 핵심적 요소였는데 남미와 아프리카 국가들만 참여시킬 수 있다면 성공할 수 있다는 것이 하빈슨 일반이사회 의장의 판단이었다.

"위대한 개츠비"의 저자 F. Scott Fitzgerald(1936)은 "최고 수준의 지능을 테스트 하는 시험은 동시에 두 가지 다른 생각을 하면서 각각을 작동하도록 하는 능력을 테스트 하는 것"이라고 했다. 그 기준으로 보면 도하 각료선언은 천재적인 측면을 보여준 것이다. 협상가들 입장에서 각료결정의 양을 최소화하면서도 회원국들의 이견을 절충하거나 감출 수 있는 방법은, 장관들에게 대안을 선택하게 하지 않고 다양한 의견을 반영하는 문구를 만드는 것이었다. 목적은 라운드를 개시하는 것이므로 당장 문제가 되지 않는 것들은 지나쳐 가는 것이었다. 상충되는 입장을 절충하는 것은 이후 협상가들의 몫이라고 보았다. 이에 대한 명확한 사례는 농업에 관한 문구와 반덤핑에 대한 문구를 들 수 있다.

결국, 각료결정(안)은 회원국의 다양한 입장을 조정하기보다는 개요를 간략히 언급하면서 누구의 의견도 소외되지 않았다고 느끼게 만들었다. 하빈슨 의장은 회원국에게 의견을 요청했을 때 반응을 이렇게 회상했다.

"모두 잠잠했다. 이러한 현상은 농업에 관해서는 매우 이례적인 경우였다. 어느 누가 무언가를 언급하면 다른 쪽에서도 이에 상응한 언급을 해야만 하는 상황이어서, 모든 것이 수포로 돌아가게 하지 않도록 모두가 입을 닫았다."

이러한 합의는 각료회의 마지막 승인을 거칠 때까지 본질적으로 수정되지 않고 유지되었다.

911 테러: 세계 무역센터 공격

외생적 충격이 발생했다. 2001.9.11.일 "알카에다"는 미국 공격을 단행했다. 4대의 여객기를 납치하여 그 중 2대는 뉴욕에 있는 무역센터와 국방부로 돌진했다. 그날 거의 3천명이 사망했는데 대부분이 미국인이었으며, 희생자들은 114개국의 시민들이었다. 세계화에 대한 가장 반이성적이고 극단적인 저항이었다.

▌911 사태 이후 뉴 라운드에 대한 미국의 자세 변화

911 사태로 WTO에 대한 즉각적인 영향은 없었지만 일단 각료회의 장소에 대한 재검토가 이루어졌다. 그러나 더 중요한 것은 전략적 대응이었다. 이러한 테러는 미국과 WTO회원국에게 뉴 라운드가 필요하다는 추가적인 이유를 제공하는 계기가 되었다. 이전까지 뉴 라운드는 미국에게 바람직한 수준이었다면 이제는 불가피한 상황이 된 것이다. 테러리스트가 승리하지 못하도록 하는 것이 모든 공공정책의 목적에 추가되었는데, "뉴 라운드를 개시해야 한다"는 것이 그 중의 하나가 되었고, 졸릭 USTR은 다자무역자유화가 테러와의 전쟁을 해결할 수 있는 무기가 되어야 한다고 주장했다.

다자무역협상을 위해서 미국에게는 넘어야 할 두 가지 전통적인 장애물이 있었다. 하나는 워싱턴에서 미 의회와 협상이고, 다른 하나는 제네바에서 회원국들과의 협상이었다. 졸릭은 911 사태 이후 이 두 문제를 해결하는 데 결정적 힘을 받게 된다.

첫 번째 단계는 미 의회로부터 새로운 협상권한을 받은 것이었다. 이전의 TPA는 우루과이라운드가 끝나는 날 종료되었고, 클린턴 행정부는 2년간 의회를 설득하였으나 실패하여 1997년 포기하기로 결정했었다. 졸릭은 이미 의회에 이러한 권한을 부여해 달라고 다시 요청해 두었는데, 911 사태를 활용하여 워싱턴포스트지에 칼럼 기고를 했다. 테러와의 전쟁에서 승리하기 위해서는 세계경제의 지속적인 성장과 미래에 대한 희망이 필요한데 미국이 새로운 통합을 위한 리더십을 발휘해야 한다고 설득하였다. 수 개월 동안의 논의와 설득을 거쳐 드디어 의회로 부터 향후 6년간 (2007년까지) TPA를 부여받았다.

새로운 TPA 확보는 졸릭에게 제네바 문제를 해결하는 데도 핵심적 기여가 되었다. 모든 나라는 뉴 라운드의 성공여부에 대한 위험 부담을 갖고 있었는데, 이를 해소하기 위해서는 최소한 미국이 협상에서 상당한 양보를 할 수 있다는 것을 보여 주어야 했다. TPA를 획득함으로써 그 가능성이 커졌다. TPA가 없을 때는 대통령에게 부여된 제한된 협상권한에 맞추어야 했으나 이제는 행정부가 큰 그림을 그리고 의회로부터 협상지침을 받기만 하면 되었다.

졸릭은 EU의 라미(레온의 후임) 무역장관과 뉴 라운드를 위해 긴밀히 협력하고 있었다. 종종 양국 장관간의 관계를 협력자가 아닌 나쁜 결혼에 비유하기도 하는데 라미와 졸릭의 관계는 예외적으로 좋았다. 그들은 수개월 전부터 작업을 시작하였고 이미 시애틀 각료회의 실패를 되풀이 하지 않기 위해 공동의 목표를 선언하고 뉴 라운드 출범에 서로 협력하기로 하였다. 두 사람은 설득, 유인, 전략적 후퇴 등을 통해 다른 나라들의 지지를 확보하기 위해 노력하고 있었다.

"911 테러 공격이 도하라운드 출범에 어떤 영향을 미쳤는가"라는 질문에, 테러 공격이 없었다면 뉴 라운드가 출범하지 못했을 것이라고 주장하는 사람들도 있었지만 이를 증명할 수는 없다. 다만, 그러한 사건이 발생하지 않았더라면 미국이 뉴 라운드 출범에 그렇게 높은 우선순위를 두지 않았을 것이고 의회로부터 TPA를 얻어내는 것이 훨씬 어려웠을 것이라고 보는 것이 합리적인 추정일 것이다.

▌ 분야별 협상 결과

2001년 11월 9~13일간 카타르 도하에서 각료회의가 개최되었는데 시애틀 각료회의와 비교해 몇 가지 면에서 차이가 있었다. WTO 사무국과 장관들은 더 준비되고 조직화되어 있었다. 몇 개의 브래킷을 포함한 간결한 각료선언(안)을 다루기만 하면 되었다. 여전히 이견을 보였지만 지금은 핵심국가들이 협상을 할 의지가 충만한 상황이었다. 미국과 EU 사이가 좋았고 다른 국가들을 참여시키는 전략도 갖고 있었다. 그 대상에는 무어 사무총장이 지난 2년간 공을 들여온 작고 가난한 국가들도 포함되어 있었다.

① 가장 중요한 이슈 : 농업

하빈슨 의장이 만든 문구를 토대로 협상이 이루어졌다. 장관들은 불분명한 (안)에 기꺼이 동의했다. 어려운 이슈에 대한 결정을 미루고 도하 각료회의를 성공적으로 만들고자 하는 의지를 보여준 것이다. 이러한 점은 농업분야에서 매우 완강한 입장을 보인 국가들에서 분명하였다. 일본, 한국, 노르웨이는 (안)을 수용하였고 EU만 반대입장으로 남았다. 결국 EU도 "모든 형태의 보조금을 철폐할 목적으로 감축"한다는 하빈슨 의장의 문구를 수용하였다. 이는 라미와 졸릭이 뉴 라운드 출범을 성공시키기 위한 준비한 몇 가지 전략적 후퇴의 하나였다.

② 선진국 이슈 : 싱가포르 이슈, 노동 및 환경 이슈

싱가포르 각료회의 이후 EU가 작업해 온 모든 이슈도 장관들에게 보내졌으나 중요도는 각기 달랐다. 정부조달과 무역원활화에 대해서는 즉각적인 협상시작을 요청했으나, 투자와 경쟁정책에 대해서는 보다 신중한 접근을 하였다. 투자이슈는 종종 선진국과 개도국의 남북간 문제로 다루어지는데 사실은 더욱 복잡했다. 개도국 중 칠레, 코스타리카, 한국 등은 투자와 다른 싱가포르 이슈에 관한 문구에 매우 전향적이었으나, 인도, 말레이시아는 ACP(아프리카 카리브해 태평양지역 국가)국가와 함께 투자에 대한 반대입장을 유지했다. ACP 국가들은 투자 및 경쟁협상에 동의하기 전에 능력배양이 이루어져야 한다는 입장을 취했다.

노동문제는 다시 논의가 되었으나 오래가지 못했다. 미국은 민주당에서 공화당 정부로 교체되면서 입장이 바뀌어 노동이슈에 적극적이지 않았다. 결국 각료선언에서는 기존의 입장만 되풀이 했다.

환경이슈는 복잡했다. EU는 WTO−MEA(다자간 환경협정, Multilateral Environment Agreement) 관계를 명확히 하는 협상을 요구하며 환경라벨링을 제시하였고 사전예방 원칙을 원했다. 일본, 노르웨이, 스위스는 EU를 지지했으나 개도국, 캐나다, 미국은 이에 반대했다. 보츠와나, 이집트, 과테말라, 말레이시아, 짐바브웨도 수석대표 회의에서 EU 제안을 반대하였다. 특히 개도국들은 환경분야 협상이 농업분야에서 얻은 시장접근 혜택을 상실시킬 것을 우려하였다. 라미와 졸릭도 환경분야에서는 입장을 달리 했다. 새로이 들어선 미국 공화당 정부는 환경이슈에 대해 EU보다 덜 적극적이었다.

③ 개도국 이슈 : TRIPs, 이행문제, 개도국 우대조항

개도국들도 적극적인 관심이슈를 가지고 도하에 왔다. 그 중

의 하나가 "TRIPs(Trade Related Intellectual Properties, 무역관련 지적재
산권)와 공공보건에 관한 선언"을 인정받는 것이었다. 미국은 이
러한 문구를 승인했는데, 라운드에 참여하려는 모든 국가들의 균
형을 달성시키겠다는 의지를 보여준 것으로, 아프리카와 남미국
가들의 지지를 확보하는 데도 도움이 되었다.

　　이행이슈와 개발라운드의 핵심인 "개도국에 대한 우대조항
(S&DT)에 관한 결정도 각료선언에 포함되었다. 도하 각료회의 선
언에서 개도국 우대조항은 WTO협정문의 핵심적인 부분이라는
점을 재확인하였고, "모든 우대조항을 강화하고 명확히 하며 효
과적으로 운영될 수 있도록 관련 조항을 검토"하기로 합의하였
다. 그리고 기술지원을 위한 펀드를 확대하고 최빈개도국의 상품
에 대한 비구속적이지만 무관세 무쿼터 목표를 밝혔다.

④ 반덤핑

　　반덤핑 규정은 개도국과 선진국을 갈라놓았을 뿐만 아니라
선진국간에도 입장차이가 있었다. EU와 미국, 특히 미국은 기존
의 규범을 유지하기를 원했으나 캐나다, 칠레, 일본 등은 이의
통제가 우선 관심사였다. 졸릭이 매우 제한적이기는 했지만 반덤
핑과 다른 무역구제조치를 논의의 장에 올려놓겠다고 했는데 이
는 뉴 라운드의 개시를 위해 미국이 얼마나 노력하고 있는지를
보여주는 단적인 예이다. 연안 항해권(Johnes Act), 이민법 예외와
함께 반덤핑은 미국이 가장 신성시하는 것이었기 때문이다. 많은
국가들이 미국의 반덤핑제도를 관리보호주의의 한 형태로 볼지
몰라도 미 의회에서 만큼은 반덤핑제도가 절대적인 지지를 받고
있었기 때문이다.

▎평가

도하 각료선언 문구에는 두 가지 측면이 담겨져 있다. 하나는 졸릭 USTR의 전략으로 반덤핑과 같이 매우 민감한 이슈를 포함시켜 미국의 진지함을 보여주어 모든 회원국에게 뉴 라운드 개시의 유인을 제공한 것이다. 다른 측면은 하빈슨 일반이사회 의장의 전략으로 민감한 이슈에 대해 어떠한 결과도 예단하지 않고 지지자와 그 상대국의 입장을 모두 반영하여 예술적으로 다듬은 문구이다. 이러한 두 측면이 뉴 라운드 출범의 성공에 기여했다. 그러나 이러한 전략적 양보와 합의 문구의 모호성은 반대로 향후 협상진전에 장애가 되는 결과를 초래했다.

마지막 순간까지 가장 반대를 한 나라는 아프리카와 인도였다. 이때가 무어 사무총장의 2년간 노력이 비로소 그 빛을 발하는 순간이었다. 마지막 날 아프리카 대표단이 새벽 3시에 협상장을 떠나면서 싱가포르 이슈에 대하여 강하게 반대했었다. 그중의 일부는 뉴 라운드 출범을 저지하겠다고 했다. 그러나 마지막 순간에 무어 사무총장에게 "당신이 우리를 알기 때문에 우리는 당신을 믿는다"고 하면서 그에 대한 신뢰를 보여 줌으로써 최종합의에 도달할 수 있었다.

끝까지 혼자 반대한 나라가 인도였는데, 인도를 어떻게 설득하느냐가 마지막 과제였다. 만장일치 원칙이라 어느 한 국가라도 반대하면 안 되는 상황이었다. 인도 역시 나머지 모든 나라가 지지하는 상황에서 계속 반대를 한다는 것이 쉽지는 않았다. 여기서 다시 무어 사무총장의 노력과 네트워크가 역할을 하였다. 그는 다른 나라 수상을 통해 인도 친구에게 전화를 해서 인도 장관이 반대를 거두도록 요청하였고, 인도에게 명분을 준다면 가능할 것이라는 점을 알게 되었다. 각료선언(안)에는 이미 투자와 경쟁정책에 대해서 협상개시를 연기하는 것으로 되어 있었으나, 인도는 어떠한 싱가포르 이슈에 관한 협상개시도 "모델리티에 관한 명백한 만장일치"가 있어야 가능하다는 문구를 주장하였고 반영되었다. 이러한 타협이 이루어지는 동안 폐회식은 이미 시작되었다. 하빈슨 의장은 당시 상황을 "캐나다 장관은 도하의 날씨와 이런 저런 얘기로 30분 시간을 끌었고, 다른 장관들도 끼어들어 기존의 문구를 정리하고 새로운 문구를 만들 수 있도록 20여 분의 시간을 더 벌었다."고 회상했다. 그리고 마침내 모든 것이 합의되고 채택되었다.

도하에서의 마지막 단계는 뉴 라운드의 명칭에 대한 문제였는데 무어 사무총장의 몫이었다. 그는 "라운드"라는 전통적인 용어 대신에 "DDA(Doha Development Agenda)"라고 공식 명명하였다. 이러한 명칭과 관련해서 두 가지가 쟁점이 되었다. 첫째가 "개발"을 포함한 것이다. 이에 대해서 선진국과 개도국 모두로부터 비판을 받았다. 선진국은 개도국에 너무 강조점을 두었다고 하였고, 개도국으로부터는 공공관계에 너무 치우친다는 비판이었다. 두 번째는 라운드라고 하지 않고 "아젠다"라고 한 점이다. 사무총장은 일부 장관들이 국내 의회에 뉴 라운드는 개시하지 않는다고 보고했다는 점을 알게 되어 라운드라는 용어를 피했던 것이다. 결국, 공식문서에는 DDA라고 하였으나 일반적으로는 "도하라운드"라고 불리게 되었다.

중국의 WTO 가입

2001년 뉴라운드가 합의되는 시점에 세계무역체제에 매우 중요한 일이 함께 이루어졌다. WTO가 중국을 정식 회원국으로 받아들인 것이다.
세계에서 가장 많은 인구를 가진 중국이 가입함으로써 WTO의 W가 훨씬 더 강력한 기반을 마련하였다. 세계화의 속도가 빨라지고 더욱 진전해 나가는 계기가 되었지만, 한편으로는 새로운 도전이었고 생각지 못했던 후폭풍이 만들어지고 있었던 것이다.

2. DDA 협상

도하라운드의 출범 자체도 쉽지 않았지만 협상 과정 역시 결코 순탄하지 않았다. 2001년에서 2012년까지 32차례의 장관회의가 있었다. 그 중에 실패로 끝난 칸쿤 각료회의(2003)와 거의 타결에 이르렀다가 실패한 제네바 소규모 각료회의(2008)가 가장 핵심적인 회의였다. 그 사이에 있었던 홍콩 각료회의(2005)는 칸

도하라운드의 주요 이벤트

일자	주요 내용
2001.11.14	도하각료회의에서 뉴 라운드 출범 선언
2002.2.1	무역협상위(TNC)에서 협상구조에 합의
2003.3.31	농업 및 서비스 시한 놓침
2003.8.13	EU와 미국은 공동 농업텍스트를 제출하였으나 다른 농업수출국 비판
2003.8	EU-미국 제안에 반대하는 G20 결성
2003.9.10-14	4차 칸쿤 각료회의 실패 (농업과 싱가포르 이슈가 가장 논란)
2004.8.2	"7월패키지"로 라운드 타결을 위한 부분적인 틀 마련
2005.1.1	당초 라운드 타결 시한 놓침
2005.12.13-18	6차 홍콩 각료회의에서 농업수출보조 철폐에 합의
2006.4.30	홍콩 각료회의에서 정한 NAMA 및 농업협상 시한 놓침
2006.7.24	G6[3]의 농업분야 합의에 실패하여 라미 사무총장 협상중단 선언
2007.1.31	라미 사무총장 TNC에서 협상 재개 요청
2007.4.12	G4[4]는 델리에서 구체적인 우선이슈와 민감이슈에 중심의 논의 시작
2007.6.21	G4 논의 포츠담에서 실패
2008.2.8	NAMA 및 농업의장 수정안 제출
2008.7.21.-29	소규모 장관회의에서 라운드 타결에 가까웠으나, 미국과 인도가 농업 세이프가드와 기타 이슈에 이견을 보여 실패

---

3) 미국, EU, 브라질, 인도, 일본, 호주 등 6개국
4) 미국, EU, 브라질, 인도 등 4개국

쿤 이후 침몰할 뻔했던 라운드를 재기시켰다는 점에서 그 의미가 크다고 할 수 있다.

협상은 제네바 대사급 회의와 장관급 각료회의뿐만 아니라, 더 큰 관점에서 바라볼 필요가 있다. 우루과이라운드 시기는 국제관계, 외교 등 상위정책이 협상에 긍정적 영향을 미쳤다. 냉전 시대 말기에 라운드가 시작되었고 협상과정에서 베를린 장벽이 무너졌고 중국(1986)과 소련(1993)도 GATT 가입신청을 하는 등 과거 어느 때보다 협상에 우호적인 분위기가 형성되었다.

그러나 도하라운드 시기의 외부 환경은 긍정적이지 못했다. 2001년 911 테러 사태가 세계적인 통합의 분위기를 조성하여 뉴라운드 출범에 도움이 되었지만, 2003년 미국의 이라크 침공 등과 관련하여 공고했던 서방동맹이 분열 조짐을 보였다. 이라크 침공 전 2003년 3월 UN안전보장이사회에서 미국 주도의 31개 동맹국에는 북대서양 조약기구의 원 회원국보다 바르샤바 조약기구 회원국이 더 많이 참여했다. 그리고 칸쿤 각료회의 실패 이후 미국은 새로운 FTA협상에 박차를 가했는데 대상국은 역시 그러한 동맹에 참여한 새로운 국가들이었다. 한편, 2003년 6월 브라질은 WTO 내 G20그룹 결성을 위해 인도, 남아공과 회의를 개최하였고, BRICS(브라질, 러시아, 인도, 중국, 남아공) 창설 움직임도 보였다. BRICS는 WTO 내에서 기능하지 않았지만 냉전 이후 미국, EU 등 선진국과 이들 국가들간 대립하는 새로운 국제정치질서 형성의 상징과도 같았다.

(1) 분야별 협상 결과

도하라운드 기간 중 핵심적인 협상은 비농산물(NAMA, Non

Agricultural Market Access, 상품) 분야, 농업분야, 서비스분야 협상이 있었는데, 시장접근 협상은 세 분야에 모두 해당되었다. 그 과정은 3단계로 압축할 수 있다. 1단계는 라운드 준비와 출범이다. 각료 회의에서 협상의 대상을 확정하고, 협상을 통해 얻고자 하는 내용을 광범위하게 정의하면서 언제, 어떻게, 최종 목적에 도달할지를 결정한다. 2단계는 관세 철폐(또는 감축)에 적용할 모델리티(Modality, 공식 또는 방식)를 만든다. 상품이나 농업의 경우 이러한 모델리티는 수학공식 형태로 여러 가지 예외와 유연성을 부여한다. 서비스 분야는 구체적으로 어떠한 서비스를 개방할 것인지 어떠한 방식으로 시장개방을 할 것인지를 논의한다. 3단계는 품목별, 국가별 양허계획을 만드는 것이다. 양허계획의 일부는 기술적이지만 일부는 협상의 연속이라 볼 수 있다. 도하라운드 협상에서는 2단계인 모델리티에는 거의 합의에 이르렀으나 그 이상의 진전은 이루지 못하고 중단되었다.

① 비농산물(Non Agricultural Products, 상품) 분야

비농산물(상품)에 대한 관세협상은 가장 기본적인 이슈로 다자통상협상의 원천이다. 우루과이 라운드에서 이루어진 감축규모는 절대수준에서는 1947년 제네바 라운드에서 이루어진 것보다 훨씬 작은 것이었다. 이러한 작은 수준을 성과로 강조할 수 있는 이유는 거의 모든 나라가 특정품목에 대해서는 높은 관세를 유지하려고 했기 때문이다. 이러한 예외는 주로 농업부분에 집중되었지만 선진국의 노동집약적 공산품과 개도국의 유치산업 분야에서도 발견되었다.

도하라운드 상품협상에서도 기존 관세수준과 제로 관세 사이

의 차이를 줄여나가고자 했다. 그러나 이러한 목표의 달성은 매우 어려웠는데 이유는 많은 나라들이 상대국의 관세를 인하시키려는 공세적 목적보다 자국의 관세감축을 피하고자 하는 수세적 목적을 더 중요하게 생각했기 때문이다. 각국의 다양한 제안을 토대로 2003년 칸쿤 각료회의, 2005년 홍콩 각료회의 논의 등을 거쳐 스위스 공식5)을 변형한 기본 모델리티에 합의하였다. 그러나 주요한 쟁점은 선진국과 개도국간 차이를 어떻게 둘 것이며, 동 모델리티의 적용을 받지 않는 예외 품목은 어느 범위로 인정할 것인가 등 이었는데, 2008년 2월에서야 이러한 쟁점을 반영한 세 번째 수정안(일명 Rev.3)에 거의 합의에 이르게 되었다. 그러나 여타 분야에서 합의가 이루어지지 않음에 따라 더 이상의 진전은 없었다.

상품 관세인하 모델리티 협상

협상은 2002년에 회원국들이 다양한 형태의 제안을 하면서 시작되었다. 초기에 명확한 형태를 제안한 국가는 중국, EU, 인도, 일본, 한국과 미국이었다. 각기 다른 내용이었지만 공통적인 특징은 다음과 같았다.
- 고관세 품목의 감축비율은 저관세 품목보다 높게함
- 각 국가들의 처한 다양한 상황도 고려함
- 저관세 품목에 대한 처리는 상당한 차이를 보임

---

5) 높은 관세일수록 더 많이 감축하는 관세 감축 방식의 하나로 GATT 제7차 다자간 협상인 도쿄라운드(1973~1979)에서 스위스가 제안하여 공산품 관세인하에 적용된 방식이다.

$$Z = \frac{AX}{A+X}$$ A: 계수 X: 초기 관세율 Z: 최종 관세율

미국의 제안이 개도국과 선진국 모두 가장 높은 수준의 감축이었고, 한국의 제안은 선진국에 대해 가장 낮은 수준이었고 인도의 제안은 개도국에 대하여 가장 낮은 수준이었다.

다양한 제안을 토대로 2003년 칸쿤, 2004년 7월 패키지, 그리고 2005년 홍콩 논의 등을 거쳐 스위스 공식과 유사한 기본 모델리티에 합의하였다. 세 가지 쟁점이 있었는데, 첫째, 어떤 계수(A)가 적용될 것인지, 둘째, 선진국과 개도국간 적용할 계수의 차이를 둘 것인지, 둔다면 어느 정도인지, 셋째, 어떠한 품목 또는 회원국에 예외나 유연성을 부여하거나 더 높은 감축을 적용할 것인지 등이었다. 세 가지 쟁점을 해결하면서 2008년 2월 60페이지의 캐나다 의장안이 나온 이후 세 차례의 수정을 거쳐 126페이지의 문안이 2008년 12월에 나왔다(일명 Rev.3).

Rev.3는 스위스 공식을 기초로 하여 선진국과 개도국에 다른 계수를 적용하는 것이다. 선진국의 계수는 미국이 제안한 8, 개도국에는 20, 22, 28 중에 선택할 수 있도록 하였고 더 낮은 수치도 원하면 선택할 수 있었다. 이행기간은 선진국은 5년, 개도국은 10년이었다. 특정 분야를 통째로 제외하는 것을 방지하기 위한 반집중 조항도 있었다. 각 챕터별 최소조건으로 품목의 20% 또는 수입액의 9%에는 적용해야 했다. 이는 미국과 EU의 입장을 반영한 것으로 아르헨티나, 중국, 인도와 같은 개도국이 반대하였으나 포함되었다.

많은 회원국들이 일부 소규모 조정 또는 완전한 제외까지 특별대우를 받았다. 이러한 예외는 여러 회원국들에게 적용되기도 하고 한두 나라에만 적용되기도 하였다. 최빈개도국은 관세감축에서 완전히 제외되었고, 소규모취약국가(SVEs, Small, Vulnerable Economies)와 일부 국가에게는 양허수준을 낮추어 주는 특별조항도 있었다. 그러나 최빈개도국이 아닌 개도국에게는 양허품목 수를 늘리고 양허계획의 워터[6]를 줄이라고 했다. 최근 가입국

---

6) 양허관세와 실행관세(양허관세 범위 내에서 실제로 부과하여 운영 중인 관세)의 차이

(RAM, Recently Accessed Members)은 최근에 양허를 했다는 점이 반영되어 Rev.3 는 11개 최근 가입국들에게 추가 관세인하를 면제해 주었다. 이중에 중국, 크로아티아, 대만에게는 양허 이행기간에 3년을 더 주었고 오만에게는 5% 이하 품목에 대해서 양허관세 인하를 요구하지 않았다.

② 농업 분야

농업협상은 두 가지 이유에서 상품협상보다 더 복잡하다. 첫째, 농업은 대부분의 나라에서 정치사회적으로 민감했다. 실질적인 개혁 가능성이 낮았기에 협상가들에게 더 신중한 접근을 요구했으며 광범위한 예외와 특별대우를 원했다. 둘째는 상품분야와 달리 세 가지 형태의 협상이슈가 있는데 ① 시장접근 개선 ② 모든 형태의 수출보조 철폐를 위한 감축 ③ 무역왜곡적인 국내보조의 실질적 감축이다.

시장접근 개선

시장접근 개선을 위한 관세인하 협상은 상품과 유사하게 스위스 공식을 바탕으로 모델리티 논의가 이루어졌는데, 각국이 농업분야에 대한 민감성을 반영하여 그 구조는 더 복잡했다. 칸쿤에서 시작된 논의를 바탕으로 여러 차례 수정안을 만들었는데 2008년말 네 번째 수정안(일명 Rev 4)에 상당한 합의가 이루어졌다. 상품과 달리 민감품목과 특별품목이라는 개념을 도입하여 예외를 인정했는데 전자는 모든 국가에게 허용되지만, 후자는 개도국에게만 허용하기로 했다. 그리고 시장접근 이슈와 관련하여 특별농업세이프가드(SSG)와 특별세이프가드메커니즘(SSM)이 우루과이 라운드와 달리 새롭게 등장하면서 협상의 핵심이슈가 되었다.

농산물 시장개방으로 수입국 농업에 대한 피해 우려가 있거나 피해가 발생하는 경우 수입제한 조치를 허용하는 것인데, 일반적인 WTO 세이프가드 협정보다 더 완화된 조건으로 농업분야에 적용하고자 하는 것이다. 이렇게 원래 세이프가드조치는 수입국의 국내산업 보호를 위한 목적으로 만들어진 개념이었으나, DDA 농업협상에서는 농업분야 세이프가드 조치의 남용으로 수출국의 시장접근이 사실상 무력화될 수 있다는 점에서 수출국의 핵심 관심사가 되면서 시장접근과 함께 논의되었다. 특히, SSM은 DDA 협상이 거의 타결에 이른 2008년 소규모 각료회의에서 마지막 걸림돌로 작용하면서 합의에 실패하는 데 결정적 요인이 되었다.

농산물 관세 인하 모델리티 협상

농산물 관세인하와 관련된 광범위한 원칙을 모델리티로 전환하는 작업은 당초 시한인 2003년 3월 31일을 지키지 못했다. 칸쿤 각료회의 실패의 주요 원인 중의 하나는 각료회의 직전에 EU와 미국이 제안한 모델리티에 관한 회원국들의 의견 차이였다. 미국과 EU는 농산물을 세 가지 감축유형으로 구분했다(① 가장 수입에 민감한 품목은 최소 감축, ② 스위스 공식에 따르는 품목 ③ 나머지는 관세철폐). 그러나 그 비중은 정하지 않았고 앞의 두 가지 유형의 감축 계수도 미정이었다. 이러한 제안이 나오자마자 다른 농업수출국으로부터 비난이 쇄도하는 등 거센 반대가 나왔다. 그러나 칸쿤 각료선언(안)은 EU-미국 제안을 거의 반영하였고, 이에 개도국들이 강력히 반발했다. 칸쿤 각료회의 실패와 홍콩 각료회의를 포함해 3년이 지난 후에 새로운 모델리티가 2006년 6월에 만들어지고, 이후 여러 번의 수정안을 거쳐 2008년 12월 일명 Rev.4가 만들어졌다.
Rev.4는 고관세를 없애려는 스위스 공식과 덜 의욕적인 모델리티 사이에서 단계별(Tiers) 감축과 특별품목 및 민감품목에 대한 고려를 추가하여 수정한 것이다. 민감품목은 선진국, 개도국 모두 활용 가능하도록 하였으나 무엇이 민감품목인지에 대한 정의는 없고, 각국이 대상과 기준을 스스로 정하도록 하였다. 대신 이러한 관세철폐 예외품목에 대해선 최소한의 시장접근을 위해 쿼터를 허용해야 했다. 특별품목은 개도국에게만 허용되었다. 2005년에 식량과 생계안보에 대한 우려에서 제안[7])되었는데, 민감품목과 같이 특별품목의 정의도 없었고, 민감품목처럼 각국에 지정하도록 맡겨두었다. 다음은 시장접근과 세이프가드 이슈인데 일반적으로 두 개는 별개의 사안으로 다루어졌다. 그러나 농산물에 대한 특별세이프가드는 2008년 새로운 핵심이슈가 되었다. 세이프가드조치는 1942년 미국과 멕시코간 협정에서 처음 나왔다가 GATT 제19조로 반영되었으며 핵심 목적은 자유화 이후 예외적으로 수입이 급증할 때, 일시적으로 양허를 중단할 수 있게 하여, 수입국들에게 불안감을 덜어주기 위한 것이었다. 그러나 도하라운드에서 농업 세이프가드는 정반대로 작용했다. 세이프가드 조치가 남용되어 협상 이전보다 시장접근이 더 제약될 수 있다는 점을 수출국들이 우려했기 때문이었다. 수입국에 신뢰를 주는 역할을 했던 세이프가드 조치가 수출국에게 불신을 주는 요소로 변질되었고 특히, 미국과 중국사이의 의심과 불신의 요소가 되었다. Rev.4는 두 가지 형태인 특별농업세이프가드(SSG, Special Safeguard)와 특별세이프가드메커니즘(SSM: Special Safeguard Mechanism)을 제공했으나, 특징적인 점은 일반 WTO 세이프가드 협정에서 요구하는 "수입증가가 국내산업에 피해를 주었는지 여부에 대한 입증"을 요구하지는 않았다는 점이다. 수입물량의 증가 또는 시장가격이 하락하기만 하면 발동할 수 있게 하였다. 이 중에 특별세이프가드메커니즘(SSM)에 대해서 논쟁이 집중되었다.

---

7) 주요 고려요소로 제시한 내용은 "농촌의 가난하고 취약한 농민들의 최저생계를 위한 특별한 품목의 중요성; 낙후된 지역주민의 생계를 대변하는 품목의 중요성; 그 나라의 소비특성을 감안하여 중요한 품목; 그 나라의 소비특성을 감안했을 때 수입대체가 주는 잠재적인 구조적 영향과 경제전반에 대한 품목의 기여"

특별농업세이프가드(SSG)

기존의 농업협정 조항을 일부 수정한 것으로, 적용대상은 우루과이라운드에서 수량제한이 관세로 전환된 품목 중에 각국이 지정한 품목에만 적용할 수 있다. 39개 WTO회원국이 총 6,156개 농산물에 대하여 이 조치를 유보했는데 적게는 2개 품목(우루과이), 많게는 961개 품목(스위스와 리히텐슈타인)이었다. Rev.4는 이러한 조치가 가능한 품목을 양허품목의 1%로 제한하고 7년 이내에 모두 제거하고자 했다. 개도국에 대해서는 2.5% SVEs국가에는 5%로 제한했다.

특별세이프가드메커니즘(SSM)

SSG와는 세 가지 측면에서 차이가 있다. ① 우루과이라운드에 없었던 새로운 것이며 ② 개도국에만 적용되며 ③ 모든 농산물을 적용대상으로 한다. 세이프가드는 수입 물량증가 또는 가격 하락시로 발동할 수 있는데, Rev.4에서 물량 SSM은 과거 3년간 수입량 평균을 기준물량으로 한다. 관세부과는 초과물량에 따라 수준이 정해지는데 특정 해의 수입물량이 기준물량의 110%에서 115%라면 실행관세에 최대로 부과할 수 있는 추가관세는 "양허관세의 25%" 또는 "25%포인트" 중에서 선택할 수 있다. 수입물량이 기준수입의 115%에서 135%(40% 또는 40%포인트), 135% 이상(50% 또는 50%포인트)인 경우 부과할 수 있는 관세는 훨씬 더 커진다(만일 많은 개도국의 경우처럼 양허관세가 실행관세보다 높은 경우, 이러한 기준을 적용하면 수입물량이 기준물량의 110%만 되어도 25% 포인트 추가 관세 부과가 가능해 협상을 통한 관세인하 효과를 상쇄하고 더 높아질 수도 있다는 우려가 제기되었다). 가격기준 SSM은 개도국의 세관을 통과하는 수입가격이 최근 3년간 동 품목의 월평균 MFN 수입가격의 85% 이하로 떨어질 때 발동된다.

수출보조

도하각료 선언에는 농업분야 수출보조를 철폐하기로 합의하였고 여기에는 명백한 보조금뿐만 아니라 수출신용, 국영기업, 식량지원 등도 포함하였다. 그러나 2003년 EU-미국 공동제안은 이러한 약속을 구체화하지 않고 "개도국이 관심이 있는 특정 품목 그룹"이라고 하는 모호한 품목에 대해서만 철폐하기로 하였다. 이는 즉각적인 반대를 불러왔고 G20그룹을 결성하게 만든 계기가 되었다. 이후 2008년 합의안에서는 2010년까지 수출보조의 절반을 철폐하고 나머지는 2013년까지 철폐하는 내용이 담겼다.

국내보조

주요 회원국이 제공하는 생산보조금의 수준은 우루과이라운드가 색깔(그린박스, 블루박스, 엠버박스[8])을 활용한 신호등 감축시스템을 도입한 이래 줄어들기는 했지만 그것은 보조금 감축을 의미하는 WTO 원칙은 아니었다. 비판론자들은 농산물 가격을 의도적으로 높게 하여 지원을 줄인 것처럼 보이게 하였다는 주장도 나왔다. 일부는 실질적 감축이라기보다는 보조금 구분을 조정하거나 그 구성을 변경한(Box shifting) 것에 불과하며 감축수준도 과장한 것이라고 주장했다.

---

8) "그린박스"는 농업협정상 농업보조 중 감축대상에서 제외되는 것이며, "블루박스"는 농업협정에서 농업생산을 축소하는 정책의 시행과 관련하여 인정한 두 가지의 보조정책으로 ① 3년 이상 상업적 생산을 중단하는 경우의 휴경지 지원 ② 생산계획하의 직접지불, "엠버박스"는 농업협정상 무역 및 생산왜곡 효과가 있기 때문에 이행 기간내에 일정 목표수준으로 감축하도록 되어 있는 보조금이다.

2003년 EU－미국의 합동제안에서 가장 무역왜곡적인 국내
보조를 ＿%에서 ＿%를 줄이는 협상을 요구했으나 빈칸은 이러
한 감축수준에 대하여 의문을 남겼고, "회원국들은 덜 무역왜곡
적인 국내보조를 활용하도록 하면서 허용되는 보조금의 기준"9)
도 제시했기에 다른 나라의 불신은 더욱 심화되었다. 이러한 제
안은 일부 회원국들에게 EU와 미국이 기존의 국내보조 제도를
유지하기 위한 방안으로 비쳤다. 이에 G20는 보다 공격적인 의
견으로 블루박스는 철폐하고 그린박스의 한도와 기준을 엄격히
하고 엠버박스에 대해서는 감축일정을 원했다. 결국 칸쿤 각료회
의 실패 이후 무역왜곡 보조금에 대한 초점은 총 무역왜곡보조
(OTDS: Overall Trade Distorting Support)10)의 개념을 만들었고 Rev.4
는 OTDS의 단계별 감축을 요구하였는데 보조금을 많은 주는 나
라는 높은 감축을 해야 했다.11)

---

9) ① 직접지불(고정면적과 산출량 기준, 기준 생산량의 85%, 고정 두수에 기준
   한 가축지불) ② 협정 1.2(i)조에 따른 지원으로 이행 기간 끝까지 농업생산
   총가치의 50%를 넘지 않은 경우, ③ AMS, 1.2(i)조, de minimis하에 인정된
   보조의 총합이 감축되어 de minimus, 6.5조하의 지불과 2004년 AMS의 마지
   막 한도를 합한 금액보다도 훨씬 적을 경우
10) 농업보조총액(AMS), 최소허용보조(De－minimis), 블루박스를 합한 총액을 말
   한다. 이러한 무역왜곡 보조 총액은 각 항목을 줄여야 하며 궁극적으로 총액
   을 줄여야 한다.
11) EC는 80%, 미국과 일본은 70%, 나머지는 55%를 감축해야 했다. 선진국은 5년
   간 개도국은 8년간, 미국, EU, 일본은 첫해 33%, 나머지 나라는 25%를 감축한
   다. 이러한 감축으로 EU는 AMS의 70%, 미국과 일본은 60%, 나머지 국가는
   45%를 줄인다. 품목별 엠버박스 상한은 1995－2000간 통보된 보조의 평균으
   로 하되 일부 조정이 인정된다. De minimis는 선진국은 즉시 생산의 2.5% 수
   준으로 즉시 삭감하고, 개도국은 3년간 2/3 or 1/3를 감축하여 6.7%로 해야 한
   다(최저생계와 빈농은 제외). 블루박스는 선진국에 대해서는 생산의 2.5%, 개
   도국에 대해서는 생산의 5%로 제한하되 품목별 상한이 있으며, 최빈국에 대해

기타

도하각료선언에 포함되었다고 반드시 협상이 이루어진 것은 아니었으며, 각료선언에 포함되지 않았다고 협상이슈에서 배제되는 것도 아니었다. 면화보조금이 후자에 해당한다. 면화 4개국(베닌, 브루키나파소, 차드, 말리)은 도하각료선언에 포함되지 않았으나 면화이슈를 협상 테이블에 올려놓는 데 성공했다.

③ 서비스 분야

우루과이라운드 서비스 협상에서 많은 이슈들이 미결로 남았는데 WTO 초기에도 이러한 문제들을 해결하기에는 정치적인 상황은 좋아지지 않았다. 서비스무역에 관한 일반협정(GATS: General Agreement on Trade in Services)은 1990년대 후반 반세계화 대상의 하나가 되었으며, 사회적 서비스 자유화는 교육, 보건 분야의 민영화를 강요함으로써 서비스에 대한 보편적 접근을 위험하게 할 수 있다는 비난을 받았다. 20세기 말 프랑스 등 일부국가 언론의 관심주제가 되었다.

초기에는 새로운 서비스협상이 별도로 진행될 것인지, 뉴 라운드의 일부로 진행될 것인지가 불명확했으나, 결국에는 라운드 패키지의 한 부분으로 GATS를 포함시켜 협상을 개시하였다.

만일 도하라운드가 출범하지 않았으면 서비스 협상은 어떻게 되었을까? 기본적으로 서비스 협상의 운명은 나머지 협상과

서는 유연성을 부여한다. 그린박스에 대해서는 이러한 보조금이 생산과 완전히 분리되고 개도국의 식량축적에 대한 보다 철저한 모니터링을 보장하는 방법으로 개편되어야 한다고 했다.

직접 연계되지 않았을 것이다. 다만, 새로운 라운드가 없더라도 우루과이라운드의 기설정 의제에서 서비스 협상과 농업협상의 개시 일정을 서로 맞추도록 하였기 때문에 서비스 협상의 운명은 농업협상의 진전에 영향은 받았을 것이다. 그러나 도하라운드가 출범하면서 모든 분야협상이 함께 진행됨에 따라 전체 라운드가 성공적일 경우에는 서비스 협상만 할 경우 보다 더 큰 성과를 기대할 수도 있었을 것이다. 그러나 현실은 서비스 협상이 상대적으로 잘 되었으나 도하라운드에 포함되어 다른 분야 이슈의 부진으로 결국 방해를 받은 결과가 되었다.

④ 무역원활화

도하 각료선언에서 싱가포르 이슈에 대한 협상은 협상 모델리티에 대한 명확한 합의를 한 이후에 시작하기로 했었다. 2003년까지 무역원활화를 제외한 나머지 세 개의 이슈에 대해서는 모델리티 합의가 없었기 때문에 고려할 가치가 없었고 무역원활화 이슈만이 싱가포르 이슈로 생존하게 되었다.

각료선언은 상품의 통관을 포함해 세관절차를 더 신속하게 하고 동 분야에서 기술지원과 능력배양을 확대해야 할 필요가 있다고 했다. 무역원활화는 싱가포르 이슈 중 가장 논쟁이 적은 분야로서 모든 국가에게 실질적인 혜택을 주는 분야였음에도, 실제 협상에서 합의도출은 쉽지 않았다. 2011년 4월 21일 무역원활화 통합문안에는 800개 이상의 브래킷이 있었는데, 페이지당 평균 20개가 넘었다. 어떤 문단은 전체가 브래킷이었고 각 포인트별로 2~3개의 대안이 있는 경우도 있었다.

일부 브래킷에는 실질적인 입장차이도 있었지만 전략적인

서비스 협상

협상의 범위는 우선 회원국들의 제안에 의해서 모양이 갖추어 지고, 나중에 회원국 서로 간에 이루어지는 양허협상으로 정해진다. 당초 가이드라인에서는 예외 없이 모든 분야를 대상으로 한다는 것이 기본원칙이었으나 실제로는 회원국들이 원하는 분야만 포함되었다. 협상 초기에 10개 WTO 회원국들이 제안을 했다. 쿼드와 호주가 대부분의 제안을 했으며 노르웨이와 4개 개도국이 나머지를 제안했다. 많은 제안서가 언급한 두 분야는 금융 및 통신 서비스 분야였다.

2005년 12월 홍콩 각료회의에서 서비스협상의 핵심 원칙과 목적을 재확인하고 협상과정을 가속화시켜 규범마련 협상을 완료할 것을 요청하였다. 회원국들은 2006년 초 분야별로 되어 있는 21개 집합적 요구를 토대로 두 번의 다자간 협상을 진행했다. 그러나 상품과 농업분야 협상의 중단 등 도하 라운드 전반이 교착됨에 따라 서비스 분야도 더 이상 진전을 이루어지지 못했다. 도하라운드 협상은 GATS 자체의 결함을 해결하려는 목적도 있었다. 2000년 서비스이사회는 GATS 제10조의 세이프가드에 관한 협상을 2002년 3월 15일까지 완료하기로 결정했다. 6.4조(국내규제), 13조(정부조달), 15조(보조금)에 관한 협상을 완료할 목적으로 가이드라인도 채택했다. 그러나 합의한 시한을 지키지 못했고 2011년 "정부조달, 보조금, 세이프가드에 관한 새로운 원칙의 필요성을 회원국들에게 확신시키지 못했다"는 종합적인 평가를 했다. 예외적으로 국내규제 분야에서만은 상당한 진전이 있었다.

합의에 이른 한 분야는 LDC국가에 대한 우대조치였다. 홍콩 각료회의에서 LDC국가는 도하라운드에서 새로운 GATS 약속을 하지 않기로 했다. 2011년 12월 제네바 각료회의에서 LDC 국가들로부터의 서비스와 서비스 공급자에 대한 특혜 조치 확대를 위해 MFN 의무에서 벗어날 수 있는 웨이버를 채택했다.

의도가 포함되어 있었다. 도하라운드는 엄격히 일괄수용원칙에 따르기로 했기 때문에 일부 국가들은 자국의 관심이슈에 대하여 최대한 압력을 행사할 수 있도록 일괄타결에서 벗어나는 상황을 전략적으로 원하지 않았다. 이러한 계산은 무역원활화 협상에서 논쟁적이지 않은 이슈에 대해서도 일부 국가는 계속 문제를 제기하였다. 무역원활화는 일괄타결 원칙 때문에 다른 이슈와 연계되어 "볼모"로 활용된 사례라고 할 수 있다.12)

⑤ 규범 : 무역구제법와 수산보조금

도하라운드에서 규범협상 범주는 두 가지 주제를 다루는데, 첫 번째는 수산보조금과 반덤핑, 보조금, 세이프가드 등 무역구제법 관련이었고, 둘째는 지역무역협정이다. 지역무역협정은 전자와 성격이 달랐지만 단순히 편의에 의해서 같은 그룹에 포함되었다. 지역무역협정 이슈는 도하라운드 규범협상에서 중요하지는 않았지만, 라운드 전반의 정책결정 측면에서는 중요한 부분이었다.

⑥ 개도국 우대조치와 기존협정 이행에 관한 수평적 이슈

개도국 우대조치와 협정이행은 개발라운드의 핵심으로 WTO 모든 주제에 적용되는 수평적 이슈이다. 칸쿤 각료회의 실패는 이러한 이행이슈의 진전을 막았으나 2004~2005년 DDA를 구제하기 위한 노력 과정에서 동 이슈가 최전선에 등장했다. 2004년 7월 패키지에서 일반이사회는 무역개발위원회 특별회의가 모든 제안에 대한 검토를 마치고 결정을 위한 명확한 권고를

---

12) 2013년 제9차 발리 각료회의에서 무역원활화 협정은 타결되었다.

만들어 모든 해당 WTO 기구에 전달하라고 하였다.

DDA의 개발분야의 핵심인 "개도국 우대조치 이슈"의 진전은 협상전반의 운명과 크게 연계되었다. 2002년 7월 일반이사회에서 우대조치 모니터링 메커니즘에 대한 결정이 있었다. 모니터링 메커니즘의 목적은 우대조항 규정의 활용과 유용성을 평가하고 이를 개선/강화하기 위한 추가제안을 마련하는 것이었다. 그러나 이후 10년 이상 논의했음에도 불구하고 실질적인 메커니즘을 만드는 데 합의하지는 못했다.

(2) DDA 협상의 실패와 평가

2008년 7월 21~29일간 제네바에서 "소규모 각료회의"가 열려 다시 한 번 DDA 협상 타결을 시도했고 그 어느 때보다 타결에 가깝게 다가갔었다. 여기서 "소규모"는 작다는 의미가 아니라, 매 2년 개최되는 각료회의가 아니라는 의미로 볼 수 있다. 두 가지 측면에서 소규모가 아니었는데, 첫째로 기간은 9일간 회의로 통상 각료회의 기간의 두 배였다. 두 번째는 기대 수준이 그 어느 각료회의보다 높았다.

협상은 여러 단계로 이루어졌다. 약 70개 회원국이 대표단을 보냈고 그 중 30여 개 국가가 그린룸13) 회의에 참석했고, 핵심적인 협상은 더 작

▌ 그린룸

---

13) WTO 사무국의 사무총장실 바로 옆에 있는 소회의실로, 주로 국가간 합의가 어려운 현안을 다룰 경우 막후 협상이 이루어졌다.

은 그룹에서 이루어졌다. G7(호주, 브라질, 인도, 중국, EU, 미국, 일본)과 G5(일본과 중국 제외)에서 협상 타결을 위한 노력이 이루어졌다. 협상의 초점은 도하라운드 타결을 위한 사무총장인 "라미(안)"이었다. 우루과이라운드 시절 1991년 협상의 모든 분야를 포괄했던 던켈(안)과는 달리 이번은 한 페이지였다. 이는 2008년 상반기 동안 상품과 농업협상 의장이 만든 안을 수정하고 개선한 것이다.

라미(안)의 핵심요지는 상품의 Rev.3와 농업의 Rev.4로 G7 회의에 우선 제시되었다. 도하 각료회의의 마지막 상황과 같이 인도를 제외한 회원국들에게는 수용 가능한 문안이었다. 그린룸 회의에서 여섯 장관들은 그 수준은 달랐지만 같이 갈 수 있다는 입장을 보였으나 인도 Kamal Nath 장관만 거부했다. 라미와 다른 동료들은 인도장관을 설득했다. 인도 장관도 협상안을 수용하는 듯 보였다. 그러나 협상 원칙과 중요한 숫자에 대한 논의가 G7보다 더 큰 그룹으로 확대되면서 다시 논쟁과 중단, 비난의 일상으로 돌아갔다.

7월 협상에서 가장 핵심은 상품무역에 영향을 주는 중요한 숫자들이었다. 대부분의 시간을 농업과 상품분야 시장접근 관련 조건, 농업 세이프가드, 국내보조에 할애했고 다른 이슈들은 한 장의 라미(안)에 포함되지도 못했다.

협상의 중요한 이슈였던 관세와 보조금 이슈의 내용을 보면, 대부분 실행관세와 실제보조금에 영향을 주는 것이 아니라 잠재적 정책에 대한 영향에 관한 것이었다. 즉 회원국이 현재 실시하고 있는 조치에는 거의 영향이 없는 수준이었다는 것으로, 즉 워터(Water)[14]에 관한 것이었다. 브라질과 인도에게 민감했던 이슈는 상품 관세였다. 그러나 그들은 각각 16.5%와 24.5% 포인트의 워터를 가지고 있었다. 미국에게 가장 방어적으로 민감했던 분야는 농업 국내보조였으나, 2008년 실적을 보면 양허된 규모의 32.7%만 지급하고 있었다. 이러한 워터를 양허규모와 비교한 비율로 보면 인도가 양허 관세의 2/3, 브라질 역시 양허 관세의 1/2, 미국은 허용보조금의 2/3 수준이었다. 대조적으로 중국과 EU는 농업과 상품관세에서 워터는 거의 없었다. 따라서 충분한 유연성이 부여되지 않으면 중국과 EU는 즉각적인 영향을 받아야 하는 상황이었다.

그러나 아이러니한 점은 국내보조와 관세를 일부 감축하더라도 당장 현실적인 영향이 없었던 미국과 인도가 가장 심각한 우려를 보였다는 것이다. 이러한 역설은 두 가지 측면에서 이해가 된다. 첫째, 미국에게 가장 중요하고 공격적 관심사였던 관세인하가 반영되지 못하고 있었기에 국내 보조문제를 계속 잡고 있었던 것으로 보인다. 둘째, 인도는 농업에서 방어적 입장을 취하고 있었는데, 전 WTO 인도대사였던 Ujal Bhatia에 따르면 "문제는 관세의 경제학이나 워터가 아니라, 지역구가 가난한 농민과 소농으로 구성되어 있어서 선거와 밀접히 연관되어 있다"는 점이었다. 미국의 슈밥 USTR은 미국의 농업과 기타 수출자의 목소리를 반영하고자 했으나, 인도의 Nath 장관은 정반대의 입장을 가진 인도의 국내 생산자 입장을 지켜야 했던 것이다. 결국, 미

---

14) 약속한 최대수준의 관세(양허관세)와 실제로 부과하고 있는 관세(실행관세)의 차이

SSM 관련 G20 내 미묘한 역학관계

SSM 협상에서 대표적으로 개도국 입장을 대변하고 있는 것은 G20였다. 그러나 SSM 관련하여 G20의 입장은 매우 복잡하고 미묘했다. 농산물 수출국이 브라질의 공격적인 이해는 중국과 인도의 방어적인 이해와 충돌하였고, 중국과 인도의 관계도 일상적이지 않았다. 인도가 SSM을 가장 강하게 주장했으나 이를 가장 많이 이용할 나라는 중국이었다. 인도는 농업 관세에서 충분한 워터를 지니고 있어 수입압력에 실행관세를 올릴 수 있었지만, 중국에게는 SSM이 유일한 수입제한 방법이었다. 따라서 브라질은 G20를 유지되기 위해서 중국과 인도의 방어적 이해를 존중하면서 동시에 개도국이 관련되는 보조금과 시장접근 이슈에 집중할 수 있어야 했다. 그래서 G20은 그룹 내 분열을 피하기 위해 SSM에 대한 일반적인 지지 이상의 입장을 취하지 않았다. 인도 입장은 아시아, 아프리카, 남미지역 개도국과의 관계에서 만들어졌는데, 공통적인 식민지 역사와 경제상황을 토대로 소규모 개도국들의 우려를 반영하여 형성되었다. SSM에 대한 인도의 대응은 유사한 방어적 입장을 가지는 소국들의 대변자로서 인도의 역할을 시험하는 것으로 보았다. 인도는 소국들의 입장을 반영시키지 못한다면 도하라운드의 성과는 제한되고, 개도국 관심이슈에서 미국 등 선진국의 방어에 굴복하는 것이라고 생각했다.

국이 가장 원하는 것은 인도입장에서는 절대 들어 줄 수 없는 상황이었다. 이러한 두 나라의 국내 정치적 이해관계의 불협화음은 제네바에서 실무적으로 조정하는 것은 거의 불가능했던 것이다.

그리고 가장 쟁점이 되었던 것은 SSM 이슈였다. 합의점을 찾기 위해 다양한 노력도 이루어졌으나, 미국은 SSM으로 관세인하 효과가 상쇄되고 오히려 협상 이전 수준보다 높아질 수 있다는 점을 지적하면서 평균수입물량의 40%를 넘는 경우에만 예외적으로 SSM을 허용할 수 있다는 주장을 굽히지 않았다. 결국 SSM을 발동할 수 있는 수입물량 기준에 대해 타협점을 찾지 못했다.

라미는 7월 29일 9일간의 협상 이후 실패를 선언했다. 농업과 상품분야에서 거의 합의점에 이르렀고, 그간 진전이 없었던 여러 이슈에서 해답을 찾았지만 뜻하지 않았던 SSM의 벽을 넘지 못했던 것이다. 그는 "아마 도하라운드를 어떻게 처리할 것인가를 결정하기 전에 먼지를 치워야 할 것이다. 그러나 농업과 상품분야, 그리고 다른 분야에서 이루어지 성과는 유지해야 한다"고 했다.

놀라운 것은 아니지만 미국 협상가 중 일부는 "중국은 방해꾼이었고 협상을 죽인 것은 인도였다"고 회상했다. 미국은 잠시 동안 한 장의 라미(안)으로 협상이 가능하다고 생각을 했다. 그러나 인도가 반대하자 미국은 더 이상 협상 과정과 상대에 대해 신뢰할 수 없다고 느꼈다. 당시 USTR 슈밥은 "인도의 협상 타결 의지는 제로였다는 것이 분명했다. 우리가 인도의 우려에 반응할 때마다 그들은 골대를 옮겼다"고 회상했다.

▍변화에 대응하지 못한 협상방식도 실패의 원인

2001년 시작된 WTO 최초의 다자협상인 DDA는 사실상 실패한 것으로 보인다. 이러한 DDA 실패의 한 원인으로 WTO가 GATT로부터 물려받은 협상모델의 한계를 지적할 수 있다. 같은 일을 반복하면서 다른 결과를 기대할 때 일반적으로 제정신이 아니라고 한다. 그러나 WTO에서는 정반대의 문제에 직면했다.

우루과이라운드에서 매우 성공적이었던 방법들을 그대로 활용했음에도 결과는 전혀 달랐기 때문이다. 케네디라운드에서 우루과이라운드까지 다자협상은 여러 이슈를 함께 다룸으로써 이슈들 간의 trade off를 촉진하여 매우 어려운 이슈조차도 해결할 수 있었다. 우루과이라운드에서는 더 나아가 모든 이슈를 일괄수용(Single Undertaking) 방안을 채택하여 더 큰 성과를 거두었다. 도하라운드 역시 여러 이슈를 패키지화하여 일괄수용하는 접근을 했으나 이번에는 유효하지 않았던 것이다.

동일한 방식을 적용했음에도 결과는 상이했는데 그 이유는 무엇일까? 협상에 참여하는 국가들의 상황인식에 기본적인 변화가 원인의 하나로 보인다. 우루과이라운드에서 참가국들은 미래에 대한 긍정적 자세를 가졌고 상호 신뢰하는 분위기였기에 공격적 이익을 반영하는 데 초점을 두었다. 따라서 종합적 접근이 문제해결에 도움이 되었던 것이다. 일례로 개도국들은 선진국들이 원하는 지적재산권 이행을 강화하면 그들의 관심사인 섬유와 의류 쿼터를 선진국들이 제거할 거라고 확신하며 합의했던 것이다.

그러나 도하라운드에서는 모든 국가들이 공격적인 이익보다는 방어적 이익에 더 관심을 두는 조심스런 상황이었다. 개도국들은 새로운 라운드를 시작하기 이전부터 우루과이라운드 합의가 그들이 기대한 만큼 이행되지 못하고 있다는 불만을 가지고 있었다. 따라서 우루과이라운드 때와 같이 새로운 이익을 추구하기 보다는 협상을 통해 잃게 될 부분을 최소화하려는 자세로 임했던 것이다. 국가마다 일부 손해가 있더라도 다른 분야에서 이득이 있으면 서로 주고받으면서 타협을 했던 것이 우루과이라운드였다면, 도하라운드에서는 기대되는 이득에 관심이 크지 않거나 실현가능성에 의심을 가지고 있어, 피해가 우려되는 분야를 최소화하는 쪽으로 우선순위를 두었던 것이다.

이러한 상황에서 다양한 이슈들을 함께 논의하는 것이 오히려 협상의 진전을 더 어렵게 한 꼴이 되었다. 예를 들면 단독으로 진전을 보기 힘든 농업분야는 다른 분야에서 보완적 효과를 기대하며 포괄적 협상을 원했으나, 참가국들은 방어적 협상을 하여 다른 분야가 농업분야 협상에 보완적 효과를 제공하기보다 전체협상이 농업이슈에 끌려 다닌 결과가 되었다. 그래서 서비스 분야 협상도 더 복잡한 농업협상 속도에 맞추어야만 했고, 무역원활화 분야도 이를 별도로 다루었다면 더 빨리 결론을 지었을 것인데 다른 이슈와 연계하다 보니 전략적으로 시간을 끈 결과가 되었다. 결국 일괄수용을 전제로 한 협상은 전부 아니면 전무라는 양자택일의 상황만을 야기했다. 즉 지나친 낙관주의자 또는 변화를 의심하는 현상유지자들로 양분하게 만든 것이다.

3. DDA 미완의 종료

2008년 소규모 각료회의에서도 협상이 타결되지 못함으로써 사실상 DDA는 실패하고, 이후 각료회의에서 일부 성과가 만들어 지긴 했지만 DDA는 무대에서 서서히 사라지는 마무리 수순을 밟게 되었다.

▎MC 9 발리 각료회의(2013년) : 발리 패키지

2013년 발리에서 개최된 제9차 WTO 각료회의는 새로운 사무총장인 아제베도 전 주제네바 브라질대사가 취임한 이후 개최되었다. 당초 일정보다 하루 늦은 12월 7일에서 끝났다. 하루를 연장하며 협상한 결과 소위 "발리 패키지"라고 하는 합의에 도달하였는데, 무역원활화, 개도국에 대한 식량안보 차원의 추가적인 선택기회 부여, 최빈개도국에 대한 무역지원, 기타 개발 이슈 등을 포함했다.

발피 패키지는 WTO가 설립된 1995년 이후 주요한 첫 성과로 평가된다. 패키지 내용 중 가장 중요한 것이 무역원활화 협정인데 통관절차를 신속하게 하고, 투명성을 제고하여, 관료주의와 부패를 줄임으로써 무역을 보다 원활히 하려는 것이 목적이었다. 무역원활화 협정

▎**MC 9 발리 패키지합의**

은 WTO 설립 이후 타결된 첫 다자간 협정이 되었고, 합의를 완전히 이행하게 된다면 세계 경제는 10~5% 비용인하, 무역증대

및 소득증가, 안정된 기업환경과 외국인 투자유치 등으로 총 4~10조 달러의 경제적 효과를 누릴 수 있을 것으로 추산되었다.

▌ MC 10 나이로비 각료회의(2015) : 일부 성과

제10차 WTO 각료회의는 2015년 12월 15~19일간 케냐의 수도 나이로비에서 개최되었다. 아프리카에서 개최된 최초의 각료회의로써 "나이로비 패키지"로 불리는 합의를 이끌어 냄으로써 2년전 발리 각료회의 성과를 이어갔는데 특히 최빈개도국에 대한 혜택부여가 주를 이루었다. 나이로비 패키지는 농업, 면화 그리고 최빈개도국과 관련된 6개의 각료결정을 담고 있다.

나이로비 패키지의 핵심은 수출경쟁에 관한 각료결정으로써 농산물 수출(farm export)보조금 철폐에 합의하였다. 개도국들은 지금까지 이러한 보조금이 국내생산 및 무역에 심대한 왜곡을 줄 수 있다는 점을 우려해서 적절한 조치의 필요성을 지속적으로 요구해 왔었다. 많은 나라들이 농산물 수출에 보조금을 지급하고 있는데 이번 결정으로 보조금을 없애야 하는 법적 구속을 받게 되었고 향후 무역왜곡적인 수출지원 방안을 사용할 수 없게 되었다. 동 결정으로 선진국은 일부 품목을 제외하고는 즉시 수출보조금을 폐지하여야 하며, 개도국은 2018년까지 완료하기로 하였다. 다만 개도국은 2023년 말까지 농산물 수출관련 마케팅, 운송비용에 대한 지원은 가능하며, 식량 수입 최빈개도국에 대해서는 추가적인 시간을 부여키로 하였다.

최빈개도국에 대한 특혜원산지제도 운영 관련 결정도 있었다. 이는 2013년 발리에서 이루어진 최초의 다자간 합의 가이드라인에 기초하여 보다 구체적인 내용으로 그 방향성을 제시하였다. 최빈개도국에 대한 원산지 판정 방법, 누적기준 장려, 부가가치 기준으로 비원산지 구성품의 비중을 최대 75%까지 인정해 줄 것을 고려하고, 관련 서류 및 절차를 단순화하도록 권고하고 있다. 최빈개도국의 서비스 및 서비스 공급자에 대한 특혜조치의 기한도 기존의 2026년에서 2030년까지로 4년 연장하였다.

한편, 복수국간 협상으로 일명 정보기술 협정 II(ITA II: Information Technology expansion Agreement)을 합의하였다. 1996년에 타결된 1차 협정에 이어 추가로 201개 정보통신 상품에 대한 관세를 철폐하기로 하였다. 동 분야의 전체 교역규모는 13조 달러에 이르고, 전체 무역의 약 90%를 차지하는 53개국(선진국과 개도국)이 참여하였다. 201개 품목의 약 65%는 2016년 7월 1일 즉시 철폐하고 나머지 대부분의 품목은 이후 3년간 나누어 철폐하기로 하여 2019년에 거의 모든 품목의 관세가 제로 수준에 이르게 된다.

▌ MC 11 부에노스 아이레스 각료회의(2017)
: 미국의 리더십 실종

제11차 각료회의(MC11)가 2017년 12월 10~13일 4일간 아르헨티나의 부에노스아이레스에서 개최되었다. 특히 개막식에는 주최국인 아르헨티나 대통령을 비롯해 5개국 정상이 참석하여 남미 11개국 정상 선언문을 발표하였다. 그러나 2007년 이래 처음으로 각료선언문 도출에 실패하여 의장발표문으로 대체되었고, 주요합의 사항도 수산보조금 협상 작업계획과 매 각료회의 시 해왔던 전자상거래, 지적재산권 협정 및 소규모 경제에 대한 일반적 결정을 마련하는 데 그쳤다.

MC 11 부에노스 아이레스 각료회의

동 각료회의의 특징은, 첫째, 미국이 트럼프 행정부 출범 이후 협상준비 과정에서부터 사실상 논의 참여를 거부했다. 따라서 모든 분야에서 실질적인 진전이 이루어질 수 없었다. 둘째, 그간의 다자협상은 선진국과 개도국간의 대립구조였다면 이번 각료회의를 통해 상황은 더욱 복잡해졌다. 우선 다자협상 자체에 부정적인 미국과 이를 지지하는 나머지 국가들로 구분된다. 다자협상을 지지하는 국가들 중에서도 선진국은 DDA가 사실상 종료되었다고 보고 뉴 이슈에 대해서는 새로운 방식으로 논의하는 것이 필요하다는 입장이었다. 반면 개도국은 두 그룹으로 나뉘었는데 중국, 브라질 등은 DDA 이슈와 병행해서 뉴 이슈에 대한 논의도 가능하다는 입장이지만, 인도, 남아공 등은 DDA 논의가 완료되지 않은 상황에서 협상 멘데이트가 없는 뉴 이슈에 대해서는 논의자체가 불가능하다는 강경한 입장을 보였다. 셋째, DDA 지속여부와 관련하여 지난 MC 10 각료선언에서는 합의점을 찾지 못하고 두 가지 상이한 입장(뉴 이슈는 새로운 방식으로 논의하자는 측과 DDA가 완료되기 전에는 어떠한 뉴 이슈에 대한 논의도 할 수 없다는 측)을 명기하는 선에서 마무리하였다면, 이번 MC 11에서는 DDA 관련 어떠한 언급도 공식문서에 없었다.

WTO 첫 다자협상 DDA는 실패로 기록될 것 같다. 이러한 실패는 DDA 출범과 동시에 이루어진 중국의 WTO 가입과 무관하지 않다. WTO를 명실상부한 세계무역기구로 변모시켰다고 환영했던 중국의 WTO가입은 세계 경제에 어떤 의미를 주고 있는지가 궁금해진다.

중국의 WTO 가입,
세계 경제에 축복인가 재앙인가?

중국은 1947년 GATT체제의 23개 설립 회원국 중의 하나였다. 그러나 1949년 내전을 거쳐 국민당 정부가 대만으로 이동하면서 1950년 GATT를 탈퇴하였다. 본토는 공산화되면서 중화인민공화국(PRC)정부가 수립되었다. 이후 공산주의체제하 계획경제를 유지하였으나 1970년대 후반 등소평의 등장과 함께 개혁개방정책을 추진하였고 1986년 GATT 가입(중국정부는 대만의 GATT 탈퇴를 공식적으로 인정하지 않아 회원국 지위 복원이라는 입장) 신청을 하였다. 그리고 15년간의 오랜 협상 끝에 2001년 11월 11일 WTO에 가입하였다. 대만도 그 다음날 WTO 회원국이 되었다.

중국의 WTO 가입으로 상품분야(2000년 기준) 수출규모 세계 7위(2,492억 달러, 전 세계 수출의 3.9%), 수입규모 세계 8위(2,251억 달러, 전 세계 수입의 3.4%)국가[1]가 세계 무역질서에 편입되었다. 이로써 WTO 회원국은 총 143개국이 되었고, WTO는 명실상부한 세계무역기구의 면모를 갖추게 되었다. 질적인 측면에서도 베를

---

1) 서비스분야(2000년 기준)는 수출 세계 12위(297억 달러, 전 세계 비중 2.1%), 수입 세계 10위(348억 달러, 전 세계 비중 2.5%)였다.

린 장벽이 무너지고 동서냉전이 종식되면서 많은 사회주의 국가
가 시장경제체제로 전환하고 있었는데, 그중 가장 큰 경제규모를
지닌 사회주의 국가가 WTO 회원국이 되었다.[2] 그간 냉전체제로
양분되었던 무역체제도 사실상 시장중심 자유무역체제로 통합되
는 계기가 된 것이다.

당시 중국이라는 나라는 1인당 국민소득이 1천 달러 수준에
불과한 개발도상국이지만 인구 12억의 거대한 잠재시장이라는
점에서 중국의 WTO 가입은 엄청난 사건으로 받아들여졌다. 그
리고 선진국들을 포함한 기존 회원국들의 관심은 남다를 수밖에
없었다. 중국이 지닌 이러한 특수성 때문에, WTO 가입 당시에도
향후의 중국에 대한 다양한 전망[3]과 세계 경제와 WTO에 미치
게 될 영향에 대한 우려가 없지 않았다. 특히 WTO와 관련하여
오늘날의 상황에 비추어 볼 때 매우 의미 있는 의문점들이 이미
제기되었다.[4]

첫째, 중국이 WTO 가입협상에서 한 많은 약속(Committment)

---

2) 중국 이외의 주요 사회주의 국가로는 베트남이 2007년, 러시아가 2012년에
   WTO에 가입하였다.

3) 일부 정치학자와 경제학자들은 중국의 WTO 가입은 중국의 경제적 개방을 불
   가피하게 만들어서 중국사회에 심대한 충격이 될 것이고 잠재해 있던 사회적
   불안이 표출되면서 중국이 붕괴하게 될 거라는 극단적 전망을 한 반면, 다른
   한편에서는 중국의 WTO 가입조건이 힘들기는 하지만 시간을 두고 단계적으
   로 부담할 수 있게 되어 중국의 실질적 개혁을 가속화하는 동력이 되어 신흥
   대국으로 부상할 것으로 전망했다. 그리고 이러한 양 극단의 중간 수준에 관
   한 다양한 의견들도 있었다.

4) Taming the Dragon : The WTO after the Accession of China, William A.Kerr
   and Anna L. Hobbs, Volume 2 November 1 2001, The Estey Centre Journal
   of International Law and Trade Policy

을 지키면서 WTO 규범에 따를 것인가 하는 것이다. 중국은 자국경제의 현대화를 위해 노력하고 있지만 무역통상정책은 국내 개발정책(Development Policy)의 부수적 정책에 불과하다. 그리고 회원국이 된 이상 중국이 약속을 지키지 않더라도 거대한 영향력을 지닌 국가를 회원국에서 배제시킨다는 것도 쉽지 않을 것이다. 그래서 중국이 가입약속을 지키지 않을 경우에 어떻게 대응할 수 있을지에 대한 의문이 제기되었다.

둘째, 중국이 계획경제를 포기하기는 했지만 지향하고 있는 경제체제는 사회주의 시장경제체제 (Socialism Market Economy)로 WTO체제가 기반으로 하고 있는 시장경제체제(Market Economy)와는 다르다는 점이다. 이러한 사회주의 시장경제체제는 아직도 진화하는 개념으로 명확한 정의나 객관적 실체도 없다. 다만, 시장경제체제보다 정부의 개입여지가 더 많다는 점만은 분명하다. 따라서 중국이 1970년대 후반부터 추진해온 개혁개방 정책으로 시장의 기능이 확대되고 있으나 아직도 경제의 1/3 이상이 비시장원리에 의해서 운영되고 있는데 이러한 중국의 경제체제가 WTO체제하에서 어떻게 운영될지 불확실하다는 점이었다.

셋째, 의사결정체제에 대한 영향이다. WTO는 20여 개 유사입장국(Like-minded country)들간의 클럽으로 시작한 GATT의 만장일치(Consensus) 유산을 이어 받았다. 그러나 회원국이 증가하여 이미 140개를 넘은 상황이 되었고 그 중에 70%가 개도국이어서 복잡한 이슈에 대한 합의를 도출하는 것은 현실적으로 매우 어려운 실정이었다. 시애틀 MC 3(1999)의 실패가 반세계화 움직임에 기인하기도 했지만 WTO 내부적으로 보면 회원국 구성 등 여러 상황변화에도 불구하고 GATT 시대의 만장일치 원칙을 그대로 적용해야 하는 구조적 취약점에도 원인이 있다는 점을 부정할 수 없었다. 그동안은 만장일치 원칙이 개도국들을 세계경제체제에 통합시키는 데 유용한 수단으로 활용이 되었지만, WTO 내 개도국들의 비중이 높아지고 영향력이 커지면서 이제는 장애요인이 되고 있는데 중국과 같은 거대 개도국이 추가 되면서 WTO 운영자체를 위협할 가능성마저 있다는 점을 우려했었다.

　미국을 포함한 회원국들이 가입협상 과정에서 중국을 WTO 체제로 끌어들이기 위해 여러 가지 조건과 의무를 부여하기 위해 노력한 점은 인정하지만, 일부의 의견은 중국의 가입이 곧 중국을 변화시킬 것이라고 단정하는 것은 이르다고 보았다. 중국이 지닌 영향력과 특수성을 감안하면 이로 인해 오히려 WTO의 본질자체가 뒤흔들릴 수 있다는 점도 우려했다. 그리고 WTO의 내부 운영에 관한 개혁에 더 많은 관심을 보여야 할 것이라는 점을 지적하면서, 중국이라고 하는 거대한 잠재시장의 매력 때문에 WTO가 돌이킬 수 없는 길로 접어들어서는 안 된다는 경고도 함께 했었다.

1. 중국의 WTO 가입

중국정부 입장에서 WTO 가입은 큰 부담이었다. 우선 통상 관련 법과 정책, 기업활동 관련된 국내 규제를 WTO 협정에 맞게 개정해야 했다. 그럼에도 불구하고 중국이 가입을 결정한 것은 그간 추진해 왔던 개혁정책, 세계적인 상황, 그리고 WTO 회원국, 특히 미국의 정책결정과 긴밀하게 연계되어 있었다.

중국은 민주사회도 개방된 사회도 아니지만 워낙 다양한 민족으로 구성되어 있고 넓은 지역에 걸쳐 있는 거대한 국가이기에 기본적으로 미래에 대한 복잡한 이해관계가 얽혀 있는 나라이다. 그래서 외부에서 중국을 이해하는 데 어려운 점이 있는데, 관련 국내제도 개편에 따른

▌ 중국의 WTO 가입 축하 건배
왼쪽부터 WTO 사무총장 Moore, MC 4 의장 카타르 장관 Youssef Hussain Kamal, 중국 무역장관 Shi Guangshen

이해득실에 대한 논쟁과 불확실성 등이 더해져 중국의 WTO 가입협상에는 오랜 시간이 걸렸다. 그러나 1999년 초 극적으로 미국과의 합의가 이루어지면서 중국 내 WTO 가입에 대한 공식적인 논의는 금지되었고 다른 의견을 가지고 있었던 학계나 언론계를 분노케 하였으나 결국 가입을 반대하지는 못했다.

중국 내 WTO 가입반대 의견의 근원은 개혁개방 초기 상황

과 밀접히 연계되어 있었다. 개혁을 시작했던 1978년 당시는 외국인 투자가 미미하고 무역규모도 작았으나 1986년 WTO(당시 GATT) 가입 신청과 함께 중국의 개혁개방조치는 점진적이지만 지속되어 1990년대 중반에 이미 외국투자기업이 국내시장에서 상당한 점유율을 차지하였다. 코카콜라와 펩시가 중국의 음료시장을 석권하였고 Procter & Gamble, 폭스바겐의 상품과 광고를 전국 어디서나 볼 수 있게 되었다. 다국적기업은 막강하고 강력한 존재로 보여지게 된 것이다. 1992년 이후 개도국 중에서 가장 많은 외국인 투자를 유치한 나라가 되었고 세계 10대 무역국에 포함되었다.

이러한 상황에서 두 가지 입장이 논쟁하였다. 하나는 중국이 외국자본에 너무 의존하고 있어 자체 역량 개발을 우선해야 한다는 것이었고, 다른 하나는 여전히 외국인 투자가 충분하지 않으므로 발전을 위해서는 추가적인 자유화가 필요하다는 의견이었다. 그러나 결정적 변수가 된 것은 아시아 경제위기였다. 그전까지 중국은 WTO 가입노력보다 APEC 등 다른 지역기구에 더 많은 관심을 두는 듯 했으나, 1997년 아시아 경제위기[5]를 겪으면서 상황은 180도 바뀌었다. 1999년 4월 주룽지 총리가 워싱턴을 방문하고 미국이 지지할 수 있는 새로운 양허 패키지를 제시하면서, 중국의 WTO 가입은 정치경제적으로 중요한 전기를 마련하게 되었다.

---

5) 1997년 초 고평가된 태국 바트화를 무차별적으로 공매도하면서 태국에서 시작된 외환 금융위기가 홍콩, 말레이시아, 인도네시아 등 동남아시아를 거쳐 우리나라도 강타했고 우리나라는 결국 IMF 구제금융까지 받게 되었다. 중국과 일본도 경제위기 수준은 아니었지만 적지 않은 영향을 받았다.

(1) 중국의 WTO 가입 이유

여러 가지 불확실성이 있음에도 불구하고 중국이 WTO 가입을 결정하게 된 결정적인 이유는 무엇일까?

첫째, WTO 가입은 중국이 그 동안 추진해 왔던 개혁개방정책을 지속·확대할 수 있는 길이라고 생각했다. 예를 들면 1980년대 중반 이후 공기업 개혁을 위한 수많은 계획들이 추진되었으나 성과는 만족할 만한 수준이 아니었다. WTO 가입을 통한 추가 개방으로 국내기업을 외국기업과 경쟁시켜 옥석을 가리자는 것이었다. 공기업 등 공공부문은 불량채권을 많이 보유한 금융기관의 도움으로 유지되고 있어, 금융부문의 개혁은 위기예방을 위한 필수적인 상황이었다. 아시아 경제위기는 중국으로 하여금 이러한 위기의식을 확인시켜 주는 계기가 되었다. WTO 가입으로 외국계 기업과 금융기관의 국내진출을 확대시켜 국내 경제체제를 강화시켜 주기를 기대했던 것이다.

둘째, 1990년대 있었던 세계적인 기술혁신이었다. 중국의 지도자들은 중국도 이러한 혁신에 참여하길 원했고, 중국이 지적재산권을 보호하는 국제경제시스템의 일원이 된다면 이러한 목적이 보다 쉽게 달성될 것으로 생각했다. WTO 회원국이 되면 중국이 원하는 신기술을 동반하는 외국인 투자유치에 유리할 것이며, 중국의 기술개발 능력을 제고하는 데도 도움이 될 것으로 보았다.

세 번째는 수출 관점이었다. 중국의 수출은 개혁기간 중 상당히 증가했고, 특히 충분한 외환확보는 지속적인 경제성장의 필수요소였다. 그러나 이러한 수출증가가 앞으로도 계속될 수 있을지 여부는 불확실했다. 중국이 상호주의에 따라 시장을 개방하지 않을 경우 불공정 교역국으로 몰려 수입국으로부터 정치적인 저항이 있을 수 있기 때문이었다. 중국이 WTO 가입한다면 공정무역체제를 갖춘 것으로 간주되어 이러한 우려는 크게 줄어들 것이다.

넷째, 정치적인 측면이다. 중국이 WTO에 가입하면 매년 중국에 대한 MFN 지위를 거부하려는 미국의회의 볼모로부터 벗어날 수 있다는 점이다. 그리고 WTO 회원국으로서 국제통상규범 제정에 참여하여 영향력을 행사할 수 있고 반덤핑 등 수입국의 무역제한조치에 대한 영향력도 키울 수 있다는 점이다.

마지막으로 대만이 먼저 가입하는 상황을 피하고 WTO 내에서 대만의 지위에 대한 발언권을 확보하기 위해서였다.

(2) WTO 가입에 따른 중국 내 영향

WTO 가입으로 얻을 수 있는 긍정적인 효과에도 불구하고 중국이 수용해야하는 여러 측면의 부담도 있었다.

첫째, 국내 무역정책에 대한 영향이다.

WTO 회원국이 되기 위해 1986년부터 추진해온 13년간의 노력이 1999년 11월 미국과 합의에 도달하면서 새로운 전기를 마련했다. 다만 가입에 따른 필수비용으로 중국은 무역정책과 관행에 관한 상당한 약속을 했다. 중국의 많은 사람들은 WTO 가입 이후 중국의 유치산업들이 엄청난 경쟁에 직면하고 농민들은 값싼 외국의 농산물 수입으로 피해를 겪고, 국가적으로는 세계

중국 WTO 가입협상의 주요 합의내용

- 상품분야 시장접근 : 당시 15.3%였던 공산품의 관세를 평균 8.9%로 인하
- 서비스 분야 시장접근 : GATS가 규율하고 있는 분야 중 닫아 두었거나 매우 제한적으로만 개방했던 많은 분야를 자유화하기로 합의하고 금융, 통신, 유통, 법률 서비스를 포함하여 GATS의 모든 분야 양허
- 농업 : 중국은 일부 품목을 제외한 모든 분야의 수량제한을 철폐하고 농산물에 대한 수출보조를 제거하기로 약속(중국의 개발연구센터는 WTO 가입 약속에 따라 농산물에 대한 수량제한과 보조금을 단계적으로 없애기로 함에 따라 농업분야에서 11.3백만명의 일자리를 잃게 될 것으로 추정).
- 보조금 : 국영기업도 보조금 및 상계관세 협정의 적용을 받고 더 나아가 일부 예외를 제외하고는 개도국에 허용되는 보조금협정상 특별조항 혜택도 받지 않기로 하였고, 공산품에 대한 수출보조금 철폐에도 합의
- 투명성 관련 약속 : WTO 관련법을 영어, 불어, 스페인어 중 하나로 번역하고 공개할 뿐만 아니라, 가입 후 8년간 합의 이행 준수여부에 대하여 매년 및 과도기적(Transitional) 점검을 받기로 함
- 반덤핑 조치와 관련한 비시장경제 대우 : WTO 반덤핑 협정에서는 비시장경제국가로부터 수입되는 상품의 경우에는 반덤핑 마진을 산정할 때 수출국의 국내가격 대신에 구성가격6)을 사용할 수 있도록 하고 있다. 게다가 미국의 반덤핑 관행에 따르면 구성가격을 산정할 때 국내가격 대신에 제3국의 가격도 사용할 수 있도록 하였다.7) 중국은 수년 동안 시장중심 경제

---

6) 수출가격이 존재하지 아니하거나 수출가격이 수출자 및 수입자 또는 제3자간의 제휴나 보상약정으로 인하여 믿을 수 없다고 보여지는 경우, 당국이 합리적인(수입품이 독립구매자에게 최초로 재판매 되는 가격 등) 근거로 수출가격을 추정하는 경우를 말한다.
7) 미국의 이러한 비시장경제국가에 대한 관행은 자의적이고 차별적인 조치라고 비난이 있었다.

로의 개혁을 추진해 왔기 때문에 시장경제 국가 지위를 주장하였으나 결국
에는 가입 후 15년 동안 반덤핑조치와 관련하여 비 시장경제 국가로 취급
받기로 의정서에 합의
- 차별적 세이프가드 조치 : 다른 회원국이 중국의 WTO 가입 후 12년 동안
중국으로부터의 수입에 대해서만 예외적으로 적용할 수 있는 "특별 세이프
가드 규정(특정 품목에 대한 잠정적 세이프가드조치)"수용

자본주의 네트워크에 편입됨으로써 주권행사에 제약이 생길 것
을 우려하였다.

WTO 가입 이후 추진해야 할 무역정책 개혁은 직접적으로
관세 및 비관세 장벽, 무역규범 등 정책수단의 변화를 초래한
다. 그러나 주요 정책적 우려는 물가, 생산, 고용, 무역, 생산요
소, 소비자 소득 등 경제적 변수에 대한 영향이었다. 중국은 전
체 경제규모는 크지만, 1인당 국민소득 등 질적인 측면에서는
여전히 저개발 국가이므로 개도국에게 부여되는 우대조치를 받
아야 한다고 주장하였다. 그러나 기존 WTO 회원국이 중국에게
한 요구는 여러 측면에서 다른 개도국에 비해 전례가 없이 높은
수준이었다.

이러한 약속은 중국이 추진하고 있던 무역정책 개혁에 많은
영향을 주었다. 중앙통제하에 무역이 가능했던 기업에 추가하여
무역을 할 수 있는 기업의 유형과 숫자가 증가했다. 계획경제하
에서는 불가능하였거나 중요하지 않았던 간접 무역정책(관세, 수
입허가, 수량제한 등)을 개발해야 했고, 환율결정 과정에 정부의 개
입을 축소하고 궁극적으로 철폐해야 했다. 한편 무역체제의 개편
은 기업부문의 개혁과 연계되었는데 가격 정책의 개혁은 기업생

산에 직접적인 규제대신 시장에서 결정되는 가격을 통한 간접적인 규제만 가능하게 된다.

　중국에게 이러한 개혁은 쉬운 작업이 아니었다. 기 투자되어 있는 부문에 이해관계를 가지고 있는 기득권층, 중앙정부와 지방정부간 관계, 공무원, 국영기업 관리자, 국내 불균형적인 성장에 따른 여러 지방의 다양한 이해관계 등을 다루어야 했다. 공산당 내에도 적극적으로 시장중심의 개혁을 지지하는 측과 이를 기피하거나 반대하는 측으로 나뉘어 있어서 개혁을 추진하는 것은 쉽지 않은 상황이었다. 그래서 중국은 WTO 가입으로 부과된 약속을 경제 개혁을 진전시키는 데 레버리지로 활용하려고 했다. 가입의정서에 담긴 광범위하고 어려운 약속이 중국의 시장을 개방하여 경쟁을 도입하고, 비효율적인 공기업 보호와 잘못된 관행을 바꾸는 데 효과적인 압력이 될 것을 기대했다. 그러나 의도대

중국의 법체계

- 국회의 기본법(헌법에 따라 가장 상위의 법으로 국회(National People' Congress)가 기본법을 제정하고 개정할 권한을 가진다)
- 국회 상임위가 제정하는 법
- 국무원이 정하는 행정규정(헌법에서는 국무원(State Council)을 정부의 최상위 행정기관으로 규정하고 있으며 행정규정의 제정권을 부여하고 있다)
- 성(Province)지방의회의 지방규정(성지방 차원의 의회는 헌법, 법과 행정규정에 상치되지 않는 범위 내에서 지방규정을 제정할 수 있으며 그 내용은 국회 해당 상임위원회에 보고하도록 되어 있다)
- 하위 지방정부(sub-Province and local government) 규칙
- 부의 규칙

로 작동할지는 의문이었다.

　둘째, WTO 가입 이후 입법·사법·행정체계에 대한 영향이다.

　WTO 가입은 상품무역과 관련된 관세 및 비관세 장벽의 제거뿐만 아니라 보조금 금지, 서비스 시장에 외국인 참여 허용 등 광범위한 관련 분야의 개방을 포함한다. WTO 협정은 무역자유화에 추가하여 투명하고 예측가능하며 공정한 WTO 의무이행을 요구하고 있다. 이러한 내용은 무역관련 법령의 공개, 법의 일관된 운영, 행정결정에 관한 독립적이고 공정한 심사 시스템을 마련하는 것 등이다. 상품·서비스 무역, 지적재산권, 외환 통제, 투자, 기업운영 및 전자상거래 등과 관련되는 법령과 규정을 신속하게 개정하거나 제정해야 했다.

　중국은 1978년 이후 시장경제체제를 운영하기 위한 규제체계를 마련하였는데 이것은 개혁을 추진하는 선도적 기능을 했다. 따라서 WTO 가입과 무관하게 시장중심의 경제체제와 규범에 기반한 사회로의 변화는 되돌릴 수는 없는 대세였다. 다만, WTO 가입은 더 많은 개혁과 그 속도를 가속화하기 위한 계기를 제공한 것이었다. 중국정부는 기본틀을 만들고 필요한 기관을 설립하고 많은 개혁을 해야 했다. WTO 협정은 효율적이고 정교한 시장경제체제의 법적·행정적 시스템을 운영하기 위해 필요한 최소한의 조건을 담고 있다. 법과 규정 등이 제정되거나 개정되는 경우에 청문회 고지, 재판을 받을 수 있는 권리, 새로운 사업 및 투자 규제의 배경, 증거표준의 도입, 법적·행정적 결정 등에 관련된 일반원칙을 공표하고 관련 정보에 접근을 가능하게 하고 일관되게 집행해야 했다. 이러한 영향의 결과로 역사상 가장 많은 국내 관련법을 개정하고 개편하는 작업을 해야 했다. 이를 위해 입법부, 행정부와 사법부의 참여가 필요했다.

입법적인 노력의 일환으로 국무원은 "WTO 리더십 팀"을 장관급으로 구성하여 조정역할을 하게 하였으며, 동 팀은 여러 관련 법령[8]을 개정하고 수정하는 작업의 가이드역할을 하며, 결과는 국무원 입법처(Legislative Office)에 보고하도록 하였다.

사법적 노력으로는 대법원이 선도적 역할을 했는데 법해석 정비, 사법부 독립 및 판사의 전문성 향상 등이 필요했다.

행정적 노력으로 WTO 협정 이행 TF 및 특별 기관 설립, 정부기능 개편, 외국 참여 시범 프로젝트 개시, 무역관련 법 집행 공무원 교육 등을 포함했다. 상무부(MOFTEC, Ministry of Trade and Economcy)는 WTO 담당부서, 통보센터, 공정수출입국을 신설하였다. TBT 및 SPS 통보 담당기관 및 질의처도 신설하였다.

마지막으로 WTO 협정은 국내 비준절차를 거쳐야 했다. 중국 헌법에 따르면 외국과의 조약·협약 체결권은 국무원이 가지고 있고, 조약·협약 비준과 폐지는 국회상임위에서 한다. 가입의정서 협상과정에서 WTO 협정은 국회상임위의 비준을 받아야 하는 중요한 국제협정의 범주에 해당한다는 점을 명확히 하였다.

---

8) 중재법/외국 투자자에 의한 국내 인수합병에 관한 잠정 규정/상업분야에서의 외국인 투자 관련 조치에 대한 보완 규제/외국인 합작기업법/특정국가로의 Precursor화학제품 수출에 대한 잠정 규정/외국의 무역장벽에 관한 조사 규정/반덤핑 산업피해 조사 규정/1차 산품 수출쿼터 운영에 관한 조치/반덤핑 규정/1차 산품 수출입 조사법/자본기업법/외국인 투자자에 의한 투자기업 설립에 관한 외교경제협력부 잠정 규제/외국 자본기업법 이행 규정 등

결국, 중국 WTO 가입에 관한 법적문서인 가입의정서와 작업반 보고서 등 관련문서는 중국이 진행하고 있는 개혁 및 중국과 여타 WTO 회원국들과의 건전한 상업적 관계의 발전에 관한 광범위한 틀을 제시한 것이다. WTO 가입으로 중국은 "법의 지배"가 가능한 환경을 만들고자 했던 것이었다.

2. 중국의 WTO 가입 15주년 평가

2016년은 중국이 WTO에 가입한 지 15주년이 되는 해였다. 15년의 기간은 중국뿐만 아니라 전 세계에도 엄청난 영향을 주었다. 이에 대한 시각은 각국의 이해관계에 따라 다양할 수 있는데 여기서는 당사국인 중국과 가장 큰 이해관계를 가지는 미국의 평가를 살펴보기로 하자.

(1) 중국의 평가[9)]

WTO 가입 이후 경제적으로 무역 및 투자 분야 자유화 등에서 상당한 성과를 거두었다. 경제체제에 "무차별원칙", "투명성", "공정경쟁"의 개념을 도입하여 법과 지적재산권 개념이 모든 분야에 뿌리 내렸다.

중국의 전반적인 관세수준이 15.3%에서 9.8%로 낮아지고 100여 개가 넘는 서비스 분야가 개방되었다. 그리고 과거 전례가 없는 3,000개가 넘는 광범위한 법령과 제도에 대한 검토와 개정이 이루어졌다. 시장규범에 대한 연구를 통해 중국의 특성을 담은 사회주의 시장경제로의 새로운 길을 마련했다. 이러한 사회주의는 다차원적이고 다층적인 광범위한 패턴을 특징으로 하고 있는데 협력과 투명성을 바탕으로 개혁과 개발이 이루어졌다. WTO 규범에 일치하면서 국가상황에 적합한 통일적이고 명확한 법체제를 마련하였다.

과거 15년간 급속한 경제성장과 일반 국민의 점진적인 생활

---

9) "Journal of WTO and China" 논문내용 인용

▌WTO 가입 후 중국의 위상 변화

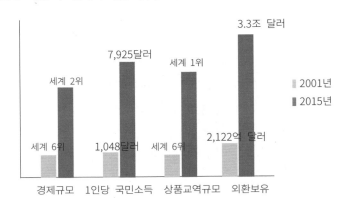

출처: Chen Deming (2016.11.9), Keynote Speech at the symposium 'China's WTO accession at 15', Journal of WTO and China

수준 향상을 경험했다. WTO 가입당시 중국의 경제규모(GDP)가 세계 6위(2001년 기준)였는데 세계 2위가 되어 8배 증가한 10.87조 달러가 되었다. 일인당 국민소득도 1,048달러에서 7,925달러로 증가했다. 상품교역 규모(2001년 기준)로는 세계 6위에서 세계 1위가 되었는데, 수출은 세계 1위, 수입은 세계 2위가 되었다. 중국의 총 교역규모는 2001년 5천억 달러에서 이제는 4조 달러로 증가했다.10) 그중 수출은 2.28조 달러로 중국은 세계의 공장으로 알려지게 되었고 중국 상품은 전 세계 어디에서나 찾아볼 수 있다. 2015년 중국의 서비스 수출 증가율은 세계 평균수준을 상회하였고 중국의 전 세계 서비스 수출입 비중은 각각 5.9%와 9.9%가 되었다. 중국의 외환보유고는 2,122억 달러에서 3.3조 달러로

10) 1978년 중국의 총 수출입 규모는 불과 206억 달러였는데 세계 32위로 전 세계 교역의 1% 미만이었다.

증가했다. 중국 국민의 생활도 엄청나게 개선되었다. 가전제품, 핸드폰·컴퓨터·자동차 가격과 통신비용 등이 급격하게 낮아져 어제의 사치품이 오늘의 필수품이 되었다.

중국 기업은 과거 15년간의 경험을 토대로 전 세계에 진출하여 글로벌 산업망에 참여하고 글로벌 가치사슬의 상층부로 나아가고 있다. 점점 더 많은 중국기업들이 글로벌 가치사슬에서 역할을 하고 있다. 중국 기업들은 국내외 시장과 자원을 어떻게 효과적으로 조정하고 활용할 것인가에 관한 국제적 시각과 노하우를 가진 하나의 그룹으로 자리매김하고 있다.

중국은 WTO 가입 이후 세계와 분리해서 생각할 수 없는 국가가 되었고 세계도 중국을 원하게 되었다.

중국은 15년간 세계에서 가장 인기 있는 투자 대상국가의 하나였다. 외국인투자유치 규모는 1992년 이래로 개도국 중 최상위였는데, 2015년 외국인 투자유치(FDI Inflow)는 1,263억 달러에 이르러 2001년 대비 2.5배 이상 증가하였다. 중국내 외국기업은 성장의 기회를 공유하였고 중국에서의 수익률은 세계 평균보다 높았다. 한편 중국의 해외투자(FDI Outflow)는 2015년에 1,457억 달러로 최고기록을 보였는데 이는 2001년의 68억 달러의 21배에 해당한다. 2015년 말 20,200개의 중국내 투자자가 188개 국가에 30,800건의 직접 투자기업을 설립했다. 중국에 대한 누적 외국인 직접투자(FDI Inflow)는 1.1조 달러에 이르고 농업, 광업, 영상 및 예능, 하이테크 연구개발 및 제조업 등 분야에 진출했다. 해외로 진출한 중국기업은 사회적 책임을 적극적으로 수행하고 주재국에 통합되도록 노력하고 있다. 주재국의 세수입과 고용에 크게 기여하고 있는데 2015년 중국기업이 납부한 총세금은 312억 달러에 이르며 전년대비 63% 증가한 것이다. 중국기업이 고용한 비중국인의 숫자도 123만명으로 전년대비 40만명 정도 증가했다.

중국은 지난 15년간 세계 경제성장을 위해서도 큰 역할을 했다. 2008년 금융위기 이전인 2002년부터 2008년간 전 세계 자원보유국 성장의 1/10을 중국의 수요가 기여했다. 미－중 비즈니스 위원회에 따르면 미국 기업이 중국에 투자한 시장규모가 2000년에는 4천억 달러에도 못 미쳤는데, 2015년에는 멕시코와 함께 미국의 두 번째 투자 대상국이 되었다(1위는 캐나다). 금융위기 이후에도 중국은 세계 경제와 무역에 긍정적인 기여를 하고 있는데 지난 7년간 세계 경제성장의 1/4 이상을 기여하였다.

중국은 경제발전을 통해 글로벌 경제구조의 다극화 및 세계 경제발전에 강력한 동력을 제공했다. 오랫동안 세계 경제는 일부 선진국에 의해서 지배되고 독점되어 왔었다. WTO 가입 이후 15년간 중국의 시장중심 개혁으로 약 8억 명을 가난에서 벗어나게 되었고, 중국 내 중산층의 확대로 전 세계 상품과 서비스 수요가 확대되었다. 지난 15년간은 중국이 주도하는 신흥국들(emerging world economies)의 성장이 급속히 이루어져 세계경제 상황을 크게 변화시켰다. 이러한 변화에 대해서 IMF는 "과거 30년 동안 세계 GDP에서 차지하는 신흥국들의 비중은 28%에서 50%, 사회적 부(富)는 22%에서 70%, 무역은 21%에서 50%, 투자는 26%에서 65%로 증가하여 세계에서 가장 중요한 경제그룹이 되었다"고 서술하고 있다. 신흥국 시장이 성장했고 앞으로도 계속 성장하고 발전할 것이며 그중에서 중국이 가장 큰 기여를 했다.

중국은 WTO 규범 준수 및 규범 제정 작업에 참여함으로써 국제적인 법의 지배(rule of law)의 유지 발전에 기여해 왔다. 중국은 WTO 분쟁해결절차를 이행해 왔으며 보호주의를 배격해 왔다. 그리고 개도국들의 이해를 반영하고 지키기 위해 WTO 규범을 활용했다. 그리고 중국기업의 권리와 이해를 보호하기 위한 분쟁시스템에도 적극적으로 참여했다. 중국은 국제 무역규범 마련을 위한 협상에도 참여하여 의견을 개진하고 특히, 전자상거래, 환경보호, 기후변화 분야 새로운 규범을 만들기 위해 적극 노력했다. 이는 보다 공정하고 합리적인 글로벌 경제 거버넌스를 마련하기 위한 것이었다.

(2) 미국의 평가[11]

중국 자체의 평가와 달리 미국 관점에서 바라본 WTO 가입 이후 15년간의 중국에 대해서는 매우 비판적이다.

중국의 WTO 가입 5주년이었던 2006년에는 축하의 분위기였고, 2011년 10주년 당시에는 중국의 무역과 투자가 급증하고 세계경제가 견조하게 성장하고 있었으나 외국기업들은 중국시장 접근에 어려움을 경험하면서 우려의 분위기가 커지고 있는 상황이었다. 그러나 15주년이 되는 시점에서는 중국과 주요 선진국들과의 경제적 긴장은 심화되고, 중국의 indigenous(자체적·폐쇄적) 혁신정책의 결과로 다른 지역의 경제성장은 둔화되고 있다고 보았다.

---

11) CSIS(Center for Strategic and International Studies)와 EPI (Economic Policy Institute) 자료 인용

WTO가 "이상한 나라의 앨리스"처럼 이상향을 쫓고 있어서, 세계는 과거 어느 때보다 긴장되고 분열되어 있다고 판단한다. WTO은 중국에 친절해 왔으며, 중국은 중진국 함정에 빠지지 않고 부가가치를 높이는 방법에 고심하고 있으며, 세계화의 가장 큰 수혜자라는 점에서 WTO와 다자체제를 지켜나가고자 한다.

그러나 미국과 기타 선진국들의 중국에 대한 지배적인 견해는 방어적이다. 중국에 대한 정서는 매우 비판적인 방향으로 흐르고 있고, 조사에 따르면 중국에 투자한 외국기업들은 1970년대 이후 가장 환영받지 못하고 있다. 서구의 하이테크 전문가들은 중국이 그들의 기술과 시장을 빼앗아 가려 한다고 걱정하고 있다. WTO가 공정경쟁 환경을 조성하기 위해 중국을 충분히 압박하고 있지 못하고 있다는 광범위한 의심이 일고 있다. 서구에서는 중국이 WTO를 명백히 위반하고 있지는 않지만 약화시키고 있다고 걱정하고 있다.

미중 양자차원에서는 2001년 중국의 WTO 가입 이후 미국의 대중국 무역 적자가 심화되고, 이에 따라 자국 제조업이 어려움을 겪고 있을 뿐만 아니라 실업문제가 악화되었다. 미국에 있어 중국의 WTO 가입은 피해를 야기한 문제로 인식되고 있다.

미국의 대 중국 수입은 2001년 1,023억 달러에서 2015년에는 4,832억 달러로 증가하는 동안 대 중국 수출은 192억 달러에서 1,161억 달러 증가에 그쳤다. 그래서 상품무역수지는 2001년 830억 달러 적자에서 2015년에는 3,672억 달러로 4배 이상 증가했다. 연평균 203억 달러씩 증가하였고 증가율로는 11.2%이다.

이러한 무역적자의 증가는 미국내 제조업 분야에서의 실업 증가(전자, 의류, 섬유 등 분야의 수입증가에 기인)와 일자리 창출기회를 상실(농산물, 운송장비, 컴퓨터, 전자부품, 기계 등 수출 감소에 기인)하게 되는 원인이 되었다고 본다. 무역적자로 2001년부터 2015년까지 340만개(2008년 금융위기 이후 130만개)의 일자리가 사라진 것으로 추정을 하는데 그 중 3/4인 260만개의 일자리가 중국과의 무역적자 때문이라고 한다.12) 이러한 피해는 미국내 50개 모든 주에서 발생했으며 특히 컴퓨터와 전자부품 분야의 적자가 크고 일자리 손실도 전체의 36%라고 한다.

근로자의 소득측면의 분석에 따르면 2001~2015년간 무역적자 증가로 매년 직접적인 소득감소가 370억 달러에 이른다. 중국을 포함한 저임금 국가로부터의 수입경쟁 심화로 매년 비대학 졸업자의 임금이 1,800억 달러 감소하였고 이러한 감소분의 대부분은 기업, 대학졸업 이상자의 고학력자들에게 재배분되었다고 한다. 즉 계층간 소득불균형이 악화되었다는 것이다. 이러한 대중국 무역적자 증가의 이면에는 중국 정부의 보조금지급과 덤핑 수출이 있다고 생각한다. 뿐만 아니라 수입제한 및 금지, 소프트웨어 등 저작권 위반, 외국기업으로부터의 기술이전 강요, 환율조작, 그리고 과잉공급을 초래하는 공기업의 과도한 투자 등을 문제로 지적하고 있다. 따라서 미 의회와 정부가 이러한 위협에 적절히 대응해야 한다고 보고 있다. 덤핑, 상계관세 조치 및

---

12) 여타 분석 Acemoqlu et al(2014), Pierce and Schott(2016) 등에서도 유사한 결과가 나왔다고 한다.

미 행정부의 평가

미국 행정부의 중국에 대한 평가는 각 행정부에 따라 다소의 차이가 있다. 트럼프 행정부는 2018년 1월 USTR 보고서에서 "미국이 중국의 WTO 가입을 지지한 것은 실수"였다고 했다.

그러나 2016년 오바마 행정부에서는 미국의 대 중국 수출은 2001년 중국의 WTO 가입 이래 500% 증가했다는 점을 지적(동기간 중국을 제외한 나머지 국가에 대한 수출은 단지 90% 증가)하면서 "중국의 WTO 가입으로 미국을 포함한 상대교역국과의 무역과 투자는 급격히 증가했다. 중국은 북미지역을 제외한 나머지 지역 국가 중에서 미국의 가장 큰 시장이 되었다"고 평가했다. 특히 미국 농민에게 중국은 절대적으로 중요한 해외시장인데 중국의 WTO 가입이후 미국 농산물의 중국 수출은 1,000% 증가했는데 미국 대두(Soybean) 수출은 13배 증가했다. 제조업 분야도 중국의 비관세장벽과 불투명한 정부규제 정책 등으로 어려움을 겪기는 했지만 많은 미국 기업들은 중국 시장에서 성공적으로 사업을 해왔다. 예를 들면 보잉은 지난 5년간 미국 내 판매실적보다 더 많은 항공기를 중국에 수출했다. 2017년 1월 USTR은 "중국 정부는 WTO 가입 시 약속을 이행하기 위한 여러 조치를 함으로써 중국은 규범에 기반한 국제무역체제에 더욱 깊게 편입하게 되었다"라고 했다.[13]

WTO 분쟁을 통해 공정경쟁 여건을 조성해야 하고 수입급증에 신속한 대응체제를 갖출 것을 요구한다. 특히 공급과잉과 관련하여 중국의 미국 정부조달 시장참여를 금지하고 중국 공기업의 미국 내 제조업 및 첨단산업분야 투자를 막아야 한다. 그리고 WTO 내에서 중국의 시장경제지위를 부여하지 말고 환율조작에

---

13) Financial Times, "China's accession to WTO has been a boon, not an error" February 16, 2018.

도 적극 대응할 것으로 요구한다.

   그리고 미국과 중국간 무역관계를 근본적으로 변화시키기
위해 중국측의 변화도 요구하고 있다. 중국내 임금인상을 통해
과도한 저축을 줄이고 보건 및 연금 분야 지출을 증가하여 소비
를 진작시키고 만성적인 무역흑자를 줄여야 한다.

3. 중국의 세계경제에 대한 기여와 도전

중국의 WTO 가입 15년에 대한 당사자인 중국과 미국의 평가는 매우 달랐는데, WTO의 관점에서 중국의 WTO 가입이 세계경제에 남긴 기여와 도전을 살펴보기로 하자.

(1) 중국의 세계경제에 대한 기여

① 세계 교역시장의 확대

GDP 규모 세계 6위, 교역 규모 7위인 중국이 WTO체제에 편입되고, 관세 및 비관세 장벽이 단계적으로 제거됨에 따라 전세계 무역시장이 확대되었다.

관세측면에서는 전체 평균관세를 2001년 15.3%에서 2017년에 9.3%로 인하했다. 공산품의 경우는 14.8%에서 8.5%로, 농산물은 23.2%에서 14.62%로 낮추었다.[14] 비관세 장벽 분야는 자동차 기계, 전자제품 및 천연 고무 등에 관한 수입쿼터, 수입허가 등을 폐지하였다.

서비스 시장도 전체 160개 분야 중 100개 분야를 개방하여 선진국 평균 수준(108개)에 가까워졌다. 외국인 투자와 관련해서

무역에서 차지하는 비중

	2001년	2017년
공기업 (SOE)	42.5%	16.3%
민간기업 및 외국인 투자기업	57.5%	83.7%

---

14) 농산물의 경우, 개도국 평균은 56%, 선진국 평균은 39%이다.

는 54개 분야는 제한 없는 투자가 가능하고, 23개 분야는 외국인 지분이 50% 이상 가능하다. 서비스분야 외국인 투자는 2010년 제조업 분야 외국인 투자를 넘어섰고 2017년에는 서비스분야 외국인 투자규모가 73%를 차지한다.

WTO 협상과 관련해서는 2013년 타결된 무역원활화 협정과, 2015년 타결된 복수국간 협정인 정보기술 확대협정(ITA II, Information Technology Expansion Agreement)에 참여하여 무역관련 각종 세관절차 등의 개선과 향후 정보통신 분야 201개 품목에 대한 관세를 철폐하기로 하였다.

② 양방향 투자의 증가

중국은 무역 및 투자와 관련된 국내 제도의 개선을 추진하여 전 세계적인 생산요소의 이동과 효과적인 자원의 배분 그리고 시장통합 촉진에 기여했다. 특히 관련 법령과 제도의 정비로 법과 제도에 기반한 기업환경을 조성하였다. 외국인투자 유치(FDI Inflow) 분야에서 중국은 1992년부터 26년간 개도국 중 1위를 기록했는데 특히, WTO 가입 이후 연평균 6.9% 증가하여 2001년 469억 달러에서 2017년 1,363억 달러가 되었다. 이로써 중국에 투자한 외국인투자기업은 중국 경제의 양적 질적 성장에 기여하면서 동시에 중국 경제발전의 성과도 누리고 있다. 재중 EU 상공회의소의 "2018년 기업 신뢰조사"에서도 절반 이상의 회원사가 투자를 확대할 계획이라고 했다. 2017년 중국에 진출한 외국인 투자기업은 3만 5천개로 전년대비 27,8% 증가했다. 한편 중국의 해외투자(FDI Outflow) 역시 지속적으로 증가했는데 WTO 가입 당시 전 세계 26위에서 2017년에는 3위로 뛰어 올랐다.

③ WTO 분쟁절차 참여

WTO 분쟁시스템은 무역의 예측가능성과 안정성을 유지하기 위한 핵심제도로 GATT체제와 비교한 가장 큰 발전요소의 하나이다. 국가간 무역관련 분쟁을 양자적으로 해결하기보다는 합의한 절차와 규범에 따라 다자차원에서 다룸으로써 보다 객관적이고 공정하고 일관성 있는 해결방안을 모색할 수 있는 것이다. 중국과 같이 내수시장과 경제규모가 큰 나라가 양자적으로 무역분쟁을 다루게 되면 대부분의 약소 국가입장에서는 대처가 어렵다는 점에서 규범에 근거한 분쟁절차에 참여한 것은 의미가 크다고 할 수 있다.

중국 관련 WTO 분쟁의 특징

미국, EU와 비교한 중국관련 WTO 분쟁사례(1995~2016)를 통해 그 특징을 살펴보자.

우선은 피소측면이다. 중국은 38건을 피소당해 개도국 중에서는 피소건수로 가장 많다(인도는 24건, 브라질은 16건). 미국은 129건, EU는 83건을 피소당했다. 제소국이 주로 승소한다는 점에서 언뜻 보기에는 미국과 EU가 대표적인 위반국으로 보인다. 그러나 분쟁은 무역규모와 관련이 있기에 세계 교역에서 차지하는 비중과 비교한 건수로 보면, 미국의 교역비중은 11.7%인데 피소건수는 24.9%, 반면 EU는 교역 비중이 34%가 넘지만 피소건수는 7.5%에 불과하다. 중국의 경우는 교역비중은 8.1%이고 피소건수는 7.2%이다.

다만, 중국은 WTO가 출범한지 7년차에 가입하였고 미국과 EU는 출범과 동시에 회원국이었다. 게다가 중국은 초기 이행기간 동안 유예를 받아서 초기

5년 동안에 2건의 피소[15]만 받았다. 이후 2006~2010년 동안 20건, 이후에는 16건을 피소당했다. 결국, 중국은 2006~2010년간 교역비중은 8.2%임에도 불구하고 24%의 피소를 당한 것이다. 2010년 이후 최근에 다소 개선이 되긴 했지만 교역비중이 11%인데 피소비중은 20%이다. 이는 미국과 비슷한 수준이며 EU는 교역비중에 비해 피소비중은 낮은 것이다.

두 번째는 제소 측면이다. 중국에 대한 제소의 70%가 미국과 EU에 의한 것이다. 반면, 미국과 EU에 대한 제소는 아시아와 미주국가 등 다양한 국가에 의해서 이루어졌다. 미국과 EU에 비해 작은 나라들의 중국에 대한 제소가 적은 것이다. 그 이유로는 중국정부 정책과정의 불투명, 국내기업에 대한 재무자료 등 정보에 대한 접근제약, 제소 시 중국 시장접근의 축소 또는 기타 제재 등 보복조치 가능성으로 인한 측면을 추정해 볼 수 있다. 결국 중국의 WTO 의무이행을 감시해야 하는 미국과 EU의 부담이 상대적으로 더 큰 것이다.

세 번째는 분쟁발생 분야 측면인데, 미국, EU, 중국에 대한 관심의 차이이다. 미국에 대한 제소는 주로 반덤핑, 상계관세, 세이프가드 등 무역구제조치에 관한 것인데 무역구제조치는 철강, 농업, 수산, 섬유산업분야 보호를 위해 주로 사용되었다. 동 산업분야는 미국 경제에서 차지하는 비중은 크지 않지만 지역적으로는 중부와 남부 등 특정지역에 집중되어 있어 정치적으로 민감하다. EU도 중공업과 농업분야에 분쟁이 집중되어 있어 유사성을 보인다. 반면, 중국은 무역구제조치로 피소를 당하기도 하지만, 선진 제조분야, 하이테크, 서비스 등 선진국과 경쟁에 직면한 분야에서 우위를 점하기 위한 정책과 관련해서 이루어지고 있다. 즉 미국과 EU는 사양산업 분야에서 국제적 경쟁을 완충하려는 목적의 무역제한 조치에 분쟁이 주로 발생했다면, 중국에 대해서는 향후 경제발전에 기여할 수 있는 새로운 분야로 진출하기 위한 산업정책과 관련된 분쟁이 주를 이루고 있다는 점이다.

---

15) 반도체 분야 부가가치세, 자동차 부품수입관련 조치

마지막은 이행에 관한 것으로, 판정결과를 반영하여 국내 관련제도 등을 제대로 개정 또는 폐지하였는가 여부이다. 미국은 복합적인 양상을 보였다. 2002년 브라질이 제소한 사례에서 패소한 후 불법적이라고 판명된 면화보조금을 제거하는 데 10년이 걸렸다. 그리고 2003년 안티구아 바베이도스가 서비스 양허와 관련하여 미국을 제소하여 승소하였지만 미국은 위반된 것으로 판정된 온라인 도박분야를 자유화하지 않았고, 경제력이 취약한 아티구아 바베이도스의 보복조치도 제대로 이루어지지 못했다. 반면, 중국은 피소되어 분쟁절차를 거친 18건[16] 중 16건에서 패소했다. 중국은 모두 판정을 이행했다. 그러나 실질적인 측면에서는 다양한 모습을 보이는데, 문제가 된 조치를 제거하여 시장접근성을 개선하였으나, 일부 조치는 매우 늦게 이루어졌거나[17] 관련규정을 개정했지만 실제로는 시장접근 개선이 이루어지지 않았다. 예를 들면 2012년 WTO가 중국의 전자지급 기업 UnionPay에 대한 보호조치가 불법이라고 판정하여, 외국 경쟁사들이 시장에 진입할 수 있도록 관련규정을 개정하기는 했으나 Visa, Mastercard 등은 실질적으로 시장접근을 못하고 있다.

④ 개도국의 다자무역체제 통합에 기여

WTO의 주요 목적 중의 하나가 개도국 특히 최빈 개도국이 무역을 통해 경제성장을 하도록 도와주는 것이다. 개도국이 무역에 참여하여 혜택을 얻기 위해서는 글로벌 가치사슬에 참여해야 하는데 현실적으로 여러 가지 어려움이 있어 WTO에서 다양한 노력을 하고 있다. 이 중 중국은 36개 최빈 개도국에게 대한 무

---

16) WTO분쟁절차에 제소가 되더라도 양자협의 및 패널 과정에서 해결되는 경우도 있어, 일부만이 패널 및 상소기구 판정이 이루어진다.

17) 풍력에 대한 보조금과 희토류에 대한 수출제한 조치 관련

관세 조치(전체 품목의 97%), "Aid for Trade"프로그램에 참여하여 사회간접자본 건설, 교육 및 훈련, 생산성 향상 등을 위한 지원, 무역원활화 협정 이행을 위해 1백만 달러 지원, 국제기구에서 시행하는 남남협력 지원사업 등에 참여하여 개도국들이 다자무역 체제에 통합될 수 있도록 지원하고 있다.

⑤ 세계 경제회복과 성장에 기여

중국은 WTO 가입 이후 개혁과 시장 개방을 통해 경제성장을 지속하면서 세계 경제성장의 엔진으로서의 역할을 했다. 2016년 기준으로 중국의 GDP는 전 세계 GDP의 14.8%를 차지하여 2001년 4.1%에 비해 크게 증가했고 세계 경제성장에 대한 기여율도 30%에 근접하고 있다. ILO에 따르면 1990년부터 2016년까지 중국이 남미와 카리브연안 국가의 180만개 일자리 창출에 기여한 것으로 분석되고 있다.

⑥ 제도의 투명성 제고

WTO 협정에 따라 무역관련 제도와 조치의 제정/개정 내용을 공개하고 사무국에 통보했다. 중앙정부뿐만 아니라 지방정부의 보조금 정책,[18] 표준과 기술규정, 적합성 판정 절차, 수입허가 절차, 지적재산권 관련 규정이 대상이다.

(2) 세계경제에 대한 도전

중국이 WTO 회원국이 된 이후 남긴 유산 중의 하나가 WTO

---

18) 뒤에서 살펴보겠지만 보조금에 대해서는 통보가 이루어 졌지만 그 내용이 불충분하고 완전하지 못하다는 점에서는 문제점으로 지적되고 있다.

내부에 있는 잘 다듬은 돌과 아치, 그리고 붓글씨로 장식한 화려한 "중국정원"이다. 이는 중국의 상무부가 기증한 것으로 비석에는 "문화의 상호교류를 통한 세계 번영"이라는 글귀가 새겨져 있다.

▌ 중국의 기증으로 조성된 WTO내 "중국정원"

그러나 또 다른 유산은, 중국이 세계 제2의 경제대국으로 성장하여 미국, EU와의 긴장과 대립을 지속하면서 세계 무역기구인 WTO의 존립을 위협하고 있다는 것이다.

세계는 WTO를 통해 거대한 사회주의 국가인 중국을 서구의 무역규범으로 끌어들이려 했으나, 오히려 정부주도의 중상주의를 허용하고 자국시장 개방에는 소극적인 가운데 전 세계에 중국의 저가 수출품이 넘쳐나도록 만들어버렸다는 비판을 듣고 있다.

그리고 중국은 WTO 가입을 하면서 완전한 시장경제로 전환하기 위한 노력을 지속하며 "무차별 원칙, 시장개방, 상호주의, 공정하고 투명성 원칙"에 위반되는 관행과 제도를 철폐하기로 했으나, 이러한 약속을 완전히 이행하지 않고 여전히 정부주도의 무역왜곡적인 경제모델을 유지함으로써 여타 WTO 회원국들에게 피해를 주고 WTO체제를 위협한다는 것이다.[19)]

① 정부와 당 주도의 경제모델

중국 헌법에 따르면 중국의 궁극적인 경제정책 목표는 "사

---

19) WT/GC/W/745

회주의 시장경제(socialist market economy) 건설[20]에 있다. 이러한 목표달성을 위해 경제구조 등 핵심사항은 중국정부와 당이 결정을 하고, 이를 이행하기 위한 수단으로 기업의 정부소유, 주요 경제주체에 대한 통제, 정부 지침을 활용한 자원배분의 직간접적인 통제를 활용하고 있다.

중국 정부와 당은 모든 경제주체들이 정부가 정한 목표를 달성하도록 지도한다. 그리고 시장의 역할은 이러한 국가 경제목표와 산업정책 달성에 합치하는 범위 내에서만 인정한다. 그래서 중국의 주요기업을 포함한 모든 기업(정부 투자기업이든 정부가 투자하지 않은 기업이든)이 본질적으로 비시장경제의 속성을 보이고 있는 것이다. 이러한 중국의 정책방향에 변화의 조짐을 전혀 보이고 있지 않다는 점에 더 큰 우려가 있다. 2018년 중국의 무역정책검토(TPR)에서는 중국의 현 상황에 대한 평가를 "중국의 특색을 지닌 사회주의가 새로운 시대로 접어들었으나 여전히 사회주의 초기 단계에 있어 앞으로 상당기간 이러한 방향으로의 정책이 계속될 것이라는 점에서 기본적인 변화는 없다"고 했다. 정부와 시장의 관계를 개선해 나가겠지만 계속 사회주의 시장경제를 추구할 것이라는 것이다. 이러한 의미는 정부가 경제를 보다 더 잘 관리할 수 있으므로 시장의 역할에만 맡기지 않고 정부의 관여는 지속하겠다는 의미로 해석된다.

---

20) 관련 중국 헌법 제6조 "사회주의 초기 단계에는 공공소유가 지배적이면서 다양한 형태의 소유구조가 병존하는 기본 경제구조를 정부가 지탱한다.", 제7조 "국가소유 경제(state-owned economy), 즉 모든 국민이 소유한 사회주의 경제가 국가경제의 주도적 동력이다. 국가는 국가소유 경제의 통합과 발전을 보장해야 한다"고 규정하고 있다.

여기에 추가하여 공기업이나 외국인 투자기업을 포함한 모든 민간기업의 경영과 투자결정에 "Party building"을 통해 정부와 당의 영향력을 행사하고 있다는 점이다. 중국정부는 기업이 독립적으로 시장원리에 따라 의사결정을 한다고 말하지만, 정부와 당은 수십 년 동안 공기업에 다양한 방법으로 영향력을 행사해 오고 있다. ① 핵심 임원의 임명과 통제 ② 토지와 자본 등 중요한 투입요소에 대한 특혜적 접근을 허용하여 금융신용, 핵심산업에서 시장 지배력을 유지하고, 주식시장에서 공기업의 역할을 강화하고 있다. 2016년 10월 시진핑 주석은 공기업을 당과 국가의 확장으로 보아, 대외전략 및 경제사회 발전 등 공산당 중앙위원회 결정을 집행하는 중요한 동력이라고 했다. 그리고 기업법 제19조에는 공기업과 민간기업에 "내부 당 위원회"를 설치하도록 하고 있는데, 이를 통해서 기업의 주요 의사결정과 지배구조에 정부와 당의 영향력을 행사할 수 있도록 하고 있다. "Party building" 조치의 일환으로 공기업과 민간기업들에게 이사회 의장으로 당 관계자를 선임하여 중요 의사결정을 협의하도록 하고 있다. 그리고 "사회적 신용 시스템(Social Credit System)"이라고 하는 새로운 제도를 통해 정부기관이 확보한 기업단위의 정보를 활용하여 모든 기업의 활동을 모니터하고 평가하고 있다.

② 중국의 WTO 규범 준수 여부

세계는 중국이 WTO에 가입한 이후, 가입의정서에서 밝힌 대로 WTO 규범에 일치하도록 법, 규정, 정책을 수정할 것으로 기대하였다. 일부 개정이 이루어지긴 했지만 중국은 여전히 국가 주도 경제체제를 유지하고 있고 많은 나라들이 이로 인해 심각한 문제에 직면하고 있다. 더 나아가 중요한 문제는 현재의 WTO 규범이 중국의 시장왜곡적 행위를 제대로 다루지 못하고 있다는 점이다. WTO 패널과 상소기구에서 일부 중국의 정책과 관행을 협정 위반으로 판정하였지만, WTO 규범과 중국의 가입의 정서상 약속은 현 중국의 정책과 관행을 직접 규율하지 못하고 있는 한계를 보이고 있다. 이유는 WTO 규범이 국가주도의 경제를 상정하고 만들어지지 않았으며, 2001년 중국 가입의정서도 당시의 국가주도 정책과 관행만을 반영했는데, 이후 중국정부가 이러한 정책과 관행을 보다 복잡하고 세련된 것으로 대체하고 있기 때문이다.

중국정부는 WTO의 다자무역체제를 지지한다고 말로는 주장하지만 여전히 수입제품과 외국기업의 시장접근을 제한하는 다양한 정부관여 정책을 추진하고 있다. 산업정책의 목적달성을 위해 공정거래법, 투자제한 조치, 공기업 등에 대한 특혜조치, 독특한 국내표준 제정, 차별적인 사이버보안 조치 등을 활용하고 있다. 그리고 상황을 더욱 악화시키는 것은 행정적 허가 및 승인절차를 집행할 때 정부관료의 재량권 남용이다. 그리고 외국기업으로부터 선진기술을 뽑아내고 국내기업을 지원하기 위해 규제체제와 광범위한 시장왜곡적인 보조금 지원제도를 활용하고 있다. 이러한 정책의 주 수혜자는 중국의 공기업과 국내기업들이다.

중국의 제도 및 운영의 투명성이 전반적으로 높아지긴 하였으나 여전히 많은 규제제도가 불투명한 실정이다. WTO 가입 이후 중국은 보조금 통보를 단 3차례만 했을 뿐인데 그것도 중앙정부의 보조금에 한정되었고 내용도 불완전하고 기한도 지키지 않앗다. 2016년 7월에 처음으로 지방정부의 보조금에 관한 통보를 했으나 그 내용 역시 매우 부실했다.

　문제는 이러한 상황이 과거보다 더 심각해지고 있다는 점이다. WTO 가입 직후 법제도의 개정과 경제적 개혁으로 시장원칙에 충실한 체제로 바꾸어 가는 듯 했으나, 이제는 그러한 변화마저도 멈춰진 상태로 평가된다. 중국 국내기업과 경쟁하는 외국기업들의 평가에 따르면 최근 5년간 중국 정부의 역할과 관여가 더욱 커지고 있다.

　반덤핑, 보조금 상계관세, 세이프가드 등 무역구제조치와 WTO 분쟁해결 절차도 중국과 같은 거대한 경제에 영향을 미치는 데는 한계를 보이고 있다. 분쟁해결 절차는 개방적이고 시장중심의 예측가능한 경제시스템을 전제로 하여 그 과정에서 발생하는 협정 위반 정책이나 조치를 다루기 위한 목적으로 만들어졌다. 그러나 오늘날의 중국이 운영하고 있는 국가주도 경제시스템과 중상주의적 무역정책 전반을 다루기에는 한계가 있다.

　③ **중국의 시장경제지위(Market Economy Status) 문제**
　WTO가 도전을 받고 있는 중요한 문제 중의 하나가 중국에게 시장경제지위를 부여할지 여부이다. 중국의 WTO 가입협상 시 의도적으로 모호하게 했다는 의견도 있지만, WTO 규정상 명확한 해답을 찾을 수 없다는 점에서 미묘한 사안이다. 중국은 가입협정서상 합의 문구[21]를 가입 이후 15년이 되는 2016년 말부터는 자동적으로 시장경제지위를 얻는 것으로 해석을 하는 반면,

---

21) 중국의 WTO 가입의정서 제15항 (a)와 (d)

미국, EU, 일본 등 다른 나라들은 중국이 약속을 이행하는지 여부에 따라 부여하는 일종의 특혜로 보고 있다.

중국이 비시장경제로 다루어질 경우 부담해야 하는 비용이 큰 것처럼 이를 벗어날 경우 얻는 혜택도 크다. 중국이 비 시장경제라면 무역상대국은 중국산 수입품에 대해 구성가격을 적용하여 높은 반덤핑 관세를 쉽게 부과할 수 있다. 반면에 시장경제로 인정되면 중국산 제품에 높은 관세를 부과하기 위해서는 훨씬 더 엄격한 입증과 분석이 필요하다.

중국의 외교적 노력의 결과, 우리나라를 포함해 아프리카, 남미, 아시아 지역의 70여 개 국가로부터 시장경제 지위를 얻었다. 중국은 2016년 12월 WTO 가입 15주년을 맞아 미국과 EU[22]를 대상으로 시장경제 지위를 요구하면서 두 나라를 WTO에 제소했다. 이 두 나라가 중국의 이익을 무효화하거나 침해했다는 것이다. 그러나 이러한 상황은 WTO가 관련 규범이 모호한 정치적인 문제를 다루게 됨으로써 잘못된 길로 접어들었다고 보는 견해도 있으며, 자유무역 피터슨 연구소의 전문가 Chad Brown은 "현 WTO 규범의 회색지대가 긴장의 핵심포인트"라고 하면서, 이 문제를 어떻게 다루는가가 현 WTO체제를 유지할 수 있을지 여부를 결정하게 될 것이라고 했다.

CEPII(프랑스 국책연구소)의 분석(2016)에 따르면 중국이 비시장경제 지위에서 시장경제 지위로 바뀔 경우, EU의 대 중국수입

---

22) EU 제소건은 2017년 7월 자메이카, 스위스, 뉴질랜드 패널을 지명하였다. 이에 에콰도르, 러시아, 타지키스탄, 일본 등 20여 개 국가가 제3차 참여를 하여 높은 관심을 보였다.

은 21% 증가할 것으로 전망했다. 미국은 그동안 EU보다 중국의 비시장경제 지위를 더 많이 활용하여 수입규제 및 고관세를 부과했기 때문에 수입증가가 더 클 것이라고 보고 있다.[23]

④ WTO 회원국에 미치는 영향

중국의 국가주도 경제체제의 운영과 WTO 규범 위반 및 불완전한 이행 등은 결국 중국기업에 유리한 불공정한 경쟁여건을 만들었다. 대표적인 사례 중의 하나가 공급과잉 문제인데, 시장의 가격기능보다는 정부의 정책적 지원을 받아 대규모 투자가 지속되어 발생한다. 이러한 상황에서는 저가 수출이 불가피하게 되고 정상적인 경쟁력을 지난 기업들조차 생존하기 어렵게 되어 세계 경제에 악영향을 끼친다. 많은 국가들이 이에 대응하여 국내산업을 지키기 위해 반덤핑 관세, 보조금 상계관세 등 무역구제조치를 시행하면서 연쇄적인 보호무역조치도 유발하게 된다.

중국은 세계에서 가장 많은 공급과잉 산업을 보유하고 있는 국가이다. 그 중의 하나가 철강산업이다. WTO 가입 이후로 철강 공급 능력을 지속적으로 확대하였는데 2001년 연간 생산량이 152백만 MT에서 2016년 808백만 MT로 증가하여 최대 생산국가가 되었고, 이러한 규모는 전 세계 생산량의 50%에 해당한다. 중국의 철강 수출역시 2006년 66백만 MT에서 2016년에는 108백만 MT로 세계 1위가 되었다. 그 밖에도 시멘트, 알루미늄, 평유리, 조선분야 등이 과잉공급 상황이 우려되고 있다.

이러한 과잉공급 상황은 대부분 중국정부의 대규모 시장왜

---

23) "How China swallowed the WTO", Wall Street Journal November 1, 2017

곡적인 보조금과 다양한 지원정책에 의한 것이다. 2017년 Economic Intelligence Unit의 보고서에 따르면 수년 동안 중국정부는 설비 가동률이 75%(일반적으로 수요공급 균형의 하한선) 이하로 하락함에도 불구하고 여러 산업에서 공급확대를 묵인해 왔다. EU 상공회의소에 따르면 이러한 공급과잉 사태를 야기한 것은 국내산업 보호정책, 규제집행의 완화, 핵심 투입요소에 대한 가격 통제, 과도한 투자를 유도하는 재정불균형 정책 등에 따른 것이다. 2016년 중국 정부는 이러한 문제를 해결하기 위해 "공급측면 구조개편"정책을 시행하고 석탄, 철강분야 과잉설비를 줄여나가고 있다고 하지만, 시장원칙이 아닌 정부의 관여를 통해 이루어지고 있어 과잉공급 상황은 계속되고 있다.

　종합적으로 평가해 보면, 중국 가입 당시 일부의 우려와 같이 중국은 WTO체제를 완전히 받아들이고 그 속에 녹아들기보다는 중국을 품은 WTO가 이를 감당하기에 버거워져 그 자체가 위기에 처하게 된 것이다.

　따라서 전 세계는 이러한 위기를 극복하고 WTO가 다자통상체제로 생존하기 위한 근본적인 변화를 모색하는 것이 불가피하게 되었다.

4. WTO 개혁

최근 미국의 트럼프 행정부는 미국우선주의와 상호주의에 기반한 공정무역을 주장하면서 중국과 사실상 무역전쟁을 벌이고 있다. 이렇게 상황이 악화되고 있는 것은 앞서 살펴보았듯이 현 WTO체제가 양국간 문제를 다루는 데 근본적인 한계를 가지고 있기 때문이다. 만일 WTO 체제와 규범이 미중간의 문제를 적절히 다룰 수 있었다면 미국이 일방적 조치를 내세우며 대립하는 상황까지는 가지 않았을 것이다.

현재의 문제상황을 해결하기 위해서는 당사자인 미국과 중국간 협의가 무엇보다 중요하다. 그러나 나머지 나라들이 자국의 운명을 두 나라의 손에만 맡길 수 없기에 WTO 내에서 여러 가지 움직임이 이루어지고 있다. 미국의 일방적인 조치에 대한 문제제기 뿐만 아니라 그간 제기되어 온 현 WTO체제의 본질적인 문제를 다루기 위한 소규모 논의가 시작되었다. 단기간에 문제를 해결할 가능성이 높아 보이지 않지만 이번 기회를 통해서 WTO 개혁이 이루어지지 못하면 어렵게 마련한 다자통상체제가 유명무실화 또는 붕괴될 수 있다는 위기감이 팽배해 있기 때문이다. 여기서는 WTO의 주요기능과 현재 진행되고 있는 WTO 개편 움직임을 간략히 살펴보고자 한다.

(1) WTO 주요기능

WTO 개혁 움직임을 이해하기 위해서는 WTO의 핵심기능에 대한 이해가 필요하다. 일반적으로 국가는 입법·사법·행정부로 구성이 되어 있듯이 WTO도 이와 유사하게 세 가지 기능을 수행하도록 조직되어 있다.

첫째, 입법에 해당하는 국제 무역규범을 만드는 기능이다. 국회가 법률을 제정하듯이 다자협상을 통해서 무역에 관한 규범을 만든다. 우루과이라운드를 포함한 GATT 시대 8차례 협상을 통해 관세인하 합의뿐만 아니라 반덤핑 협정, 보조금 상계관세 협정, 정부조달 협정, 지적재산권 협정, 서비스 협정 등 수많은 무역규범이 만들어졌는데 이러한 기능의 결과물이다. WTO 내에는 이를 담당하는 조직으로 무역협상위원회(Trade Negotiation Committee)[24]가 있다.

둘째, 일종의 행정기능으로 협상을 통해서 만들어진 무역규범을 집행하고 이행하는 기능이다. WTO 내에는 3개의 이사회[25]와 그 산하에 많은 위원회가 있는데 각 협정을 맡아 회원국의 협정이행 상황을 모니터링하고 필요한 지원을 한다. 이를 통해 각국 제도의 투명성을 높이고, 간단한 협정 위반사안에 대해서 문제제기와 평판 압박(Peer Pressure)을 통해 개선을 유도한다.

셋째, 사법기능과 유사한 분쟁해결 기능이다. 특정 회원국이 협정상 의무를 이행하지 않거나 위반하여 타 회원국에게 피해를 주는 경우를 다룬다. 피해를 입은 국가가 상대국을 제소할 수 있다. 보통은 제소전에 위반된 협정을 다루는 위원회에서 문제제기를 하고 시정을 요구하면 받아들여지기도 하는데 민감하고 복잡

---

24) 동 위원회 산하에 서비스, 지적재산권, 분쟁, 농업, 무역과 개발, 무역과 환경 위원회 특별세션(Special Session)과 시장접근규범 협상그룹이 있다.

25) 상품무역이사회(Council for Trade in Goods), 서비스이사회(Council for Trade in Service), 지적재산권이사회(Council for Trade-Related Aspects of Intellectual Property Right)

▌WTO 조직도

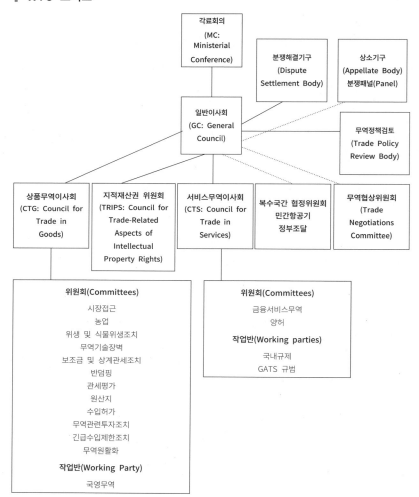

한 사안은 그렇게 해결되지 않는다. 이를 위해 WTO는 분쟁해결기구(DSB)를 마련해 두었는데 "패널"과 "상소기구"가 핵심이다. 패널판정에 불복하는 경우 상소기구에 재심을 요구할 수 있도록 하였다.

WTO가 성공적으로 운영되기 위해서는 이러한 세 가지 기능이 원활하게 작동되어야 한다. 이러한 기능들 중에 어느 한 가지라도 제대로 작동하지 못하면 WTO 전체에 이상이 생기게 된다. 그 중에 입법기능에 해당하는 규범제정이 제일 중요한데 다자협상을 통해 시대와 상황변화에 맞게 새로운 규범을 제때에 만들고 이후 각 위원회에서 합의내용이 제대로 이행될 수 있도록 지원하고 모니터링해야 한다. 그리고 일부 심각한 문제가 발생하는 경우에만 분쟁해결로 다루는 것이 이상적이다.

(2) WTO 개혁 필요성과 최근 동향

그러나 앞에서 살펴보았듯이 1995년 WTO가 출범한 이후 20년 이상이 지났으나 DDA가 실패함에 따라 새롭게 만들어진 규범은 "무역원활화 협정"에 불과하다. 그러나 무역원활화 협정은 절차적인 내용을 주로 다루고 있어 실질적인 측면의 새로운 무역규범은 없다고 볼 수 있다.

이렇게 입법기능이 사실상 마비되면서 발생하는 심각한 문제의 하나가 사법기능에 과도한 부담이 생기는 부작용이다. 입법기능과 사법기능은 기본적으로 다른 기능이지만 일면 상호보완적 측면도 지니고 있다. 즉 적절한 규범이 없는 상황에서는 분쟁의 판정으로 사실상 새로운 규범을 만들어 문제를 해결하고자

하기 때문이다. 따라서 적절한 규범이 없는 경우 분쟁건수가 증가하고 분쟁에서는 법률적 측면뿐만 아니라 정치적 측면까지도 고려해야 하는 민감한 사안까지 포함되어 사법적 기능에 대한 부담이 커질 수 있다.

　WTO 분쟁관련 패널 및 상소기구 판정의 범위와 권한에 대해서는 관련 규정이 있지만 이에 대해서는 해석의 여지가 있어 각국의 이견이 첨예하게 대립한다. 특히 국제법에 의한 국내법의 침해를 가장 꺼려하는 미국의 경우는 이러한 해석에 대하여 매우 소극적이며 좁게 해석하는 입장이다. 최근 미국은 WTO 분쟁절차 운영의 문제점[26]을 제기하며 제1장에서 보았듯이 상소기구 위원 재임명 및 신규 임명 자체를 막고 있다. 미국의 주장에 타당성이 없는 것은 아니지만 분쟁절차 전체를 무력화시키는 미국의 일방적인 행위에 대해서는 모든 회원국들은 심각한 문제와 우려를 제기하고 있다.

　따라서 WTO에서는 이번 기회에 사법 기능에 대한 문제해결과 함께 나머지 입법·행정 기능에 대한 재검토도 함께 하려는 것이다. 다만, 문제의 당사국으로 직접적인 이해관계를 가지고 있는 미국과 중국이 아직 구체적인 입장을 밝히고 있지 않은 상황이라, EU, 캐나다 등을 중심으로 하여 지역별 핵심국가들이 참여하는 소그룹 논의만 이루어지고 있을 뿐이다. 논의 내용은 상

---

26) 그 중의 하나가 일명 "Rule 15" 문제로 1996년 이래 상소기구 위원의 임기가 종료되더라도 진행중인 담당 분쟁이 종료될 때까지 상소기구에서 연장 근무를 승인해 왔으며, 미국도 이에 문제제기를 하지 않았다. 그러나 미국은 최근 들어 갑자기 이러한 결정권한이 상소기구가 아닌 DSB 사항이라고 주장하며 상소기구 위원 선정 절차를 막고 있다.

소기구 문제 등 분쟁해결절차 개선을 위한 내용, 기존 위원회의 기능을 강화하여 회원국의 제도와 정책의 투명성 제고, 새롭게 문제가 되고 있는 산업보조금, 지적재산권 보호, 전자상거래 등 분야에서의 국제규범 마련 등이 거론되고 있다. 협상방식과 관련하여 다자협상뿐만 아니라 관심 국가들간의 복수국간 협정, 분야별 협상 등 다양한 방법을 활용하고, 만장일치제도와 관련된 의사결정체제에 대한 논의도 포함될 수 있을 것으로 전망된다. 논의 초기단계라 진전 상황을 예의주시해야 하며 아직 정확한 내용을 예단하기에는 일러 보인다.

　　WTO 개혁은 출범 이후 20년이 넘는 기간 동안 외부 세계는 많은 변화를 거듭하고 발전하고 있으나 WTO만은 20년 전 상황에서 벗어나지 못하고 있다는 점에서 변화가 불가피했는데, 중국이라고 하는 변수가 결정적인 계기가 된 것으로 볼 수 있다. 양자주의에 기반하여 힘의 논리가 적용되는 국제 통상질서보다는 규범에 기반한 보다 투명하고 예측 가능한 다자 통상체제가 모든 국가(현재로선 미국은 제외)에게 바람직하다. 특히, 무역의존도가 높을 수밖에 없는 우리나라의 현실을 감안했을 때 WTO와 같은 다자 통상체제가 유리하다는 점에서 개혁논의가 성공적으로 마무리되어 WTO 다자체제가 거듭 태어날 수 있기를 기대해 본다.

중국은 WTO 가입 후 초기에는 "규범 Follower"로 관련 제도를 개선하고 WTO 체제에 통합되면서 세계경제에 긍정적인 기여를 했다고 볼 수 있다. 그러나 중국이 WTO 가입을 계기로 단순한 경제성장을 넘어 경제대국으로 부상하고 미국의 패권에 도전하는 양상으로 전개되자 이에 대한 미국의 대응은 단호하게 나타나고 있다. 세계 평화, 민주주의 확대, 경제발전의 지속을 위한 "팩스 아메리카나(Pax Americana)"가 아닌 "미국을 다시 위대하게(Make America Great Again)"라는 구호를 내세우며 직접적 대응이 본격화 되고 있으며 이것이 현실적으로는 미·중 무역전쟁의 형태로 나타나고 있는 것이다. 즉, 중국은 점차 기존규범을 그들에게 유리하도록 사용하는 "규범 Shaker"로 변모하였고 이제는 더 나아가 그들의 이익을 반영하는 "규범 maker"가 되려 하고 있는 것이다.

에필로그

글을 마무리하면서 GATT 시대와 WTO가 출범했던 당시에 비해 오늘날의 세계 통상여건이 너무나 많이 변해버렸다는 점을 절감하게 된다. 그리고 이러한 환경 속에서 우리가 극복해야 할 두 가지 도전 요소를 떠올려 본다. 첫째, 소수의 리더십에 의존해 왔던 통상시스템에서 영향력이 보다 넓게 분산된 새로운 환경에 어떻게 적응할 것인가? 둘째, 앞으로의 통상이슈는 다양한 국내 경제정책과의 관련성이 커질 수밖에 없는데 어떻게 대처할 것인가의 문제이다.

20여 개 국가로 시작한 GATT에 비해 WTO 회원국은 이제 160개를 넘어 섰고 그 중의 70% 이상이 개도국들이다. 개도국들의 무역비중이 높아지고 그들의 목소리가 더 커지면서 통상체제 내에서 민주화의 요구도 커지고 있다. 소수의 선진국이 주도하는 시스템이 비현실적이 되고 있는 것이다. 한편, WTO 회원국의 숫자만 증가한 것이 아니라 회원국들의 여건과 입장도 훨씬 더 다양해지고 복잡해졌다. 중국, 러시아 등 새로운 국가가 주요국가로 등장하고, 인도, 브라질 등 과거부터 있었던 국가들의 영향력과 역할도 커지고 있다. 이러한 국가들은 과거 지도적 위치에 있던 미국, EU 등 Quad 국가들과 역사/문화적 연대도 공유하지 않는다. 따라서 주요 이슈 협상에서 상대가 생각하는 방법을 이해하기도 더 어려워졌다. 협상과정에서 진정한 한계와 허풍 사이의 차이를 판단할 때 유사한 문화/경제/언어적 배경을 공유한 경우에도 어려움이 있는데, 역사/문화적 배경도 다르고 경제적 여건에서도 차이가 클 때는 합의를 이끌어 낸다는 것은 더더욱 힘들게 된다. 더 나아가 새로운 리더를 자처하는 G2(미국과 중국)의 경쟁은 통상분야뿐만 아니라 정치/외교/군사 분야에서도 함께 다루어지고 있다는 점에 심각성이 있다.

경제이론에 따르면 공공재 문제는 시장에서 해결될 수 없기에 정부의 개입과 역할을 요구한다. 개방적 자유무역 시스템도 일종의 공공재로 보는 견해가 있는데 이에 따르면 19세기 후반에는 영국이, 20세기까지는 미국이 정부와 같은 역할을 해왔다고 볼 수 있다. 그러나 21세기에 들어서 미국의 초강대국 위상이 흔들리면서 이러한 역할을 하는 데 한계에 봉착하고 있으며 관심도 줄어들고 있다. 따라서 개방적 자유무역 시스템 유지라는 공공재를 기존의 방식으로 풀 수 없다면 또 다른 방안을 고민해야 할 것이다. 그 중의 하나가 민주주의 방식에 의존하는 것이다. 이론적으로는 국제사회도 개별국가와 같이 민주적일 수 있고 그래야 한다고 주장할 수도 있지만 이를 통상분야에서 실현할 수 있을지는 알 수 없다. 모든 나라가 개방적 자유무역 시스템을 유지하는 것이 공동의 이익에 도움이 된다는 점을 받아들이고 이를 토대로 행동해야 하는데, 각자 주권을 가지고 자신들의 첨예한 경제적 이익을 추구하려는 국가들에게는 엄청나게 어려운 요구가 아닐 수 없다. 다만 민주적인 방식이 그대로 적용될 수는 없겠지만 그러한 요소가 점점 커질 것으로는 전망해 볼 수 있다. 그리고 WTO 내에서 개혁논의가 시작되고 있다. 변화된 여건을 반영한 새로운 제도와 절차, 의사결정 방식 등이 나오기를 기대해 본다. 그러나 그 과정은 쉽지 않을 전망이다. 이렇게 확대되고 있는 미래에 대한 불확실성은 미중간 무역분쟁이 어떻게 마무리되느냐에 크게 영향을 받겠지만 당분간 FTA를 포함한 지역무역협정 등 다양한 형태의 움직임으로 불확실성은 더 심화될 것으로 보인다.

한편, 통상협상의 내용은 과거에는 공산품 관세분야가 협상의 핵심이었다면 이후 그 대상이 농산물로 확대되었고 관세분야뿐만 아니라 비관세 장벽 분야도 다루게 되었다. 그리고 기업간 교역이 아닌 정부가 주체가 되는 정부조달로 확대되었고, 서비스 및 지적재산권, 각종 표준 분야 등 일종의 보이지 않는 재화와 자본의 이동과 관련되는 투자분야로 진화발전하고 있다. 달리 말하면 국경간 조치(Border measures)에서 국내 정책분야(Behind border measures)로 협상의 대상이 확대됨으로써 경쟁정책, 노동정책, 환경정책 등도 예외가 될 수 없는 상황이다. 통상협상이 국내 경제정책 전반과 더욱 긴밀하게 연계됨으로써 이제는 통상협상이 통상담당 공무원들의 업무라는 차원을 넘어서고 있다. 각국가 내부에서 통상 외 행정부처, 정치권, 시민단체 등 다양한 이해관계자들로부터 통상이슈에 대한 공감대도 동시에 확보해야 하는 더 큰 과제로 다가오고 있다.

이러한 상황에서 우리에게 필요한 자세는 무엇일까? 특히 우리나라의 위상이 무역규모 세계 6위, GDP 규모 세계 10~12권을 차지하는 주요국가로 성장했기에 이에 상응하는 적극적인 역할도 요구받고 있다는 점도 고려해야 한다. 첫째, 단순히 열심히 경쟁하겠다는 생각에서 벗어나야 한다. 협상의 시대를 준비해야 한다. 다양하고 복잡한 상황이 언제든 발생할 수 있다는 인식하에 보다 전략적으로 대응하는 자세가 필요하다. 미국과 중국간 무역분쟁이 다행히 조기에 마무리되더라도, 표면적인 결과에 불과할 것이라고 본다. 본질적 긴장 상황은 더 지속될 수밖에 없다고 생각하는데, 결국 국제통상여건은 과거보다 더 불확실해지고 복잡해질 것이다. 지금까지도 어려운 상황에서 우리나라가 여러 협상에 잘 대응해왔지만 이제는 한 단계 발전된 자세가 필요하다. 사안에 따라 예상되는 여러 가지 시나리오를 상정하고 우리의 입장을 전략적으로 마련하여 다양한 협상 레버리지를 준비할 필요가 있다. 그래야 중요한 순간에 선택의 여지를 확보할 수 있고 상대 국가들로부터 인정도 받을 수 있다. 둘째, 통상협상을 단순히 무역이슈라는 생각을 넘어 국내 산업정책, 기술정책, 에너지정책, 경쟁정책 등과 연계한 종합적 이슈로 대응할 필요가 있다. 그렇게 함으로써 경제전반에 대한 긍정적 효과를 극대화할 수 있고 앞서 얘기한 다양한 협상 레버리지를 개발하는 데도 도움이 될 것이다. 셋째, 협상의 결과가 중요하지만 결과에 이르는 과정에 대한 관심이 더욱 필요하다. 모든 협상은 항상 비공식 소규모 협의에서 시작되고 그 과정에서 기본 방향이 결정된다. 주요국 담당자와의 비공식 채널을 유지하면서 논의 초기부터 참여하고 완벽하지 않더라도 우리의 입장을 개진하면서 지분을 만들어 가는 노력이 필요하다. 우리에게 직접적인 이해관계가 없는 이슈일지라도 전체적인 관점에서 입장을 정리하고 의견을 제시하여 우리의 입지를 확보해야 한다. 이 세 가지를 실천하기 위해서는 과거보다 더 많은 노력이 필요하고 힘도 더 들 것이다. 새로운 경험이기에 어쩔 수 없다. 그러나 점차 익숙해진다면 그 어려움도 덜해질 것이다. 우리나라가 무에서 유를 만들며 최빈국에서 선진국 반열에 들어선 세계 최초의 국가라는 점을 기억한다면 불가능한 일은 아니라고 생각한다. 이렇게 함으로써 통상분야에서도 Fast Follower만이 아니라 First Mover로 거듭나고 진정한 통상선진국으로 발전할 수 있을 것이다.

　　필자에게 WTO 제네바 대표부는 1997년 젊은 나이에 경험한 첫 해외근무지였기에 개인적인 애착이 서린 곳이지만, 한편으로는 아쉬움도 많았던 시간이었다. 그래서 다시 찾은 제네바 생활은 늘 감사의 대상이었고 여전히 부족하지만 최선을 다하려고 노력했다. 소중한 기회가 주어졌기에 무언가 의미 있는 것으로 보답해야 한다는 생각에서 글쓰기를 시작했다. 누군가에게 조금이라도 도움을 줄 수 있을 것이라는 작은 희망이 책을 마무리할 수 있었던 원동력이었던 것 같다. Merci Beaucoup!

참고문헌

Accession of the Peoples's Republic of China (2001.11.23.), WT/L/432

Banyan (2016.5.7.) "The 15－year hitch" a pact from 2001 stirs trouble between China and the West, and between America and Europe, The Economist

Bernhard Herz et al (2010.1.18.) "Multilateralism versus Regionalism" BGPE Discussion Paper No.89

Brook Larmer (2017.5.2.) "Is China the World's New Colonial Power" The New York Times Magazine

C. Fred Bergsten (2009.11/12) "The Dollar and the Deficits" Foreign Affairs

Chad P. Bown and Alan O. Sykes (2017.5.14.) "The Trump Trade Team's Vocabulary Problem" The Wall Street Journal

Charles P. Kindlerberger (1981.6) "Dominance and Leadership in the International Economy" International Studies Quarterly. vol. 25. No.2

Chen Deming (2016.11.9.), "Keynote Speech at the symposium 'China's WTO accession at 15 : Changes in the world economy'" at "The 18th Session of China International Industry Fair & 2016

Annual Conference of the Advisory Committee of Shanghai WTO Affairs Consultation Center"

Clara Brandi (2016.7.1.), "Promises and Pitfalls of Plurilateralism－the Future of the Global Trade System from a Development perspective"

Craig VanGrasstek (2013) "The History and Future of the World Trade Organization" WTO

Douglas A. Irwin (2016.7/8) "The Truth about Trade : What critics get wrong about the global economy" Foreign Affairs

The Economist (2011.12.10.) "Shades of gray, Ten years of China in the WTO"

The Economist (2017.5.13)"What Donald Trump means by fair trade"

FINAL ACT and Related documents (1948.4) United Nations Conference on Trade and Employment

Frieder Roessler (1998) "Domestic Policy Objectives and the Multilateral Trade Order : Lessons from the Past." The National Bureau of Economic Research.

Fritz Putzhammer (2016.9.30.), "Maga－regional trade deals and their impact on developing countries : how to construct them to ensure benefits for all?"

Financial Times (2018.2.16) "China's accession to WTO has been a boon, not an error"

Howard S. Piquet and Hermann Ficker (1950.4) "The Havana Charter for an International Trade Organization : Arguments Pro and Con" Public Affairs Bulletin No. 82 The Library of Congress Legislative Reference Service

Inside US Trade (2018.5.14) "Ross says WTO rules prevent 'reciprocal' trade with EU, China"

Jacob M. Schlesinger (2018.7.10) "How China swallowed the WTO" The World Street Journal

Jagdish Bhagwati (2008) "Termites in the Trading System : How preferential agreements undermine free trade" Oxford University Press.

Jacob J. Lew (2016.5/6) "America and the Global Economy : The case for U.S. Leadership" Foreign Affairs

Jacob S. Hacker and Paul Pierson (2016.5/6) "Making America Great Again : The case for the mixed economy" Foreign Affairs

Jagdish N. Bhagwati and Douglas A. Irwin (1987.6) "The return of the Reciprocitarians — US Trade Policy Today." The World Economy Volume 10, Issue 2.

James Kynge (2002.3) "China burden" Financial Times

John H. Jackson (1990) "Restructuring the GATT System" The Royal Institute of International Affairs

John Odell and Barry Eichengreen (1996.12) "The United States, the ITO and the WTO : Exit Options, Agent Slack, and Presidential Leadership." Center for International and Development Economics Research.

John Zarocostas (2002.1) "China at odds with WTO leadership" United Press International

Joseph Fewsmith (2001.9) "The Political and Social Implications of China's Accession to the WTO" The China Quarterly, No 167

Judith Goldstein (1998) "International Institutions and Domestic Poitics : GATT, WTO and the Liberalization of International Trade," University of Chicago Press

Mark Blyth (2016.7/8) "Capitalism in Crisis : What went wrong and what comes next" Foreign Affairs

Matt Pottinger (2001.4) "Greater China : Clinton wants better U.S.—China Ties — Former president calls for cooperation between the two nations. 'The World would be a better place over the next 50 years if we were partners'"

Mitsuo Matsushita (2014.9.4.) "A view on future roles of the WTO : Should there be more soft law in the WTO?" Journal of International Economic Law 2014, 17, 701—715

Md Mehedi Hasan (2012), "China's WTO Accession : Impacts on Trade Policy and Legal system, Quarterly Journal of Chinese Studies, 4(3) 54—68

Nicholas R. Lardy (2001.5.9.) "Issues in China's WTO accession," Brookings Institution

Nikkei Weekly (2001.12.31) "China woos international community"

Overview of the Terms of China's Accession to WTO (2003.10), www.trade.ec.europa.eu

Paul Blustein (2009) "Misadventures of the Most Favored Nations" PUBLICAFFAIRS

Penelope B. Prime (2002.4), "China joins the WTO : How, Why and What Now?," Business Economics, vol XXXVII, No.2

Proposal for Expansion of World Trade and Employment (1945.11) Department of State

Raymond Vernon (1995), "The World Trade Organization : A New Stage in International Trade and Development" Harvard International Law Journal, vol 36, No. 2

Robert E. Scott (2017.1.31.) "Growth in US—China trade deficit between 2001 and 2015 cost 3.4 million jobs" Economic Policy Institute

Robert Litan (2016.9/10) "America's Brewing Debt Crisis : What Dodd—Frank didn't fix" Foreign Affairs

Rohini Acharya (2016.9.19.) "Regional trade agreements and the multilateral trading system" Cambridge University Press

Shawn Donnan (2016.7.14.) "World Trade Languishes as economies opt for greater protectionism ; Localization" Financial Times

Rosen, Daniel H (Spring 2002) "Western perceptions : So China is the WTO : Do we know what that means yet?" Harvard Asia Pacific Review ; Cambridge vol. 6. Issue 1

Scott Kennedy (2016.12.11.) "The WTO in Wonderland: China's Awkward 15th Anniversary" CSIS

Shinji Fukukawa (2016.8.3.) "The future of globalism stands at a crossroads" Japan Times

Stephen D. Krasner (1976.4) "State Power and the Structure of International Trade" World Politics, Vol. 28, No. 3

Stephen G. Brooks and William C. Wohlforth (2016.4) "The Once and Future Superpower : Why China won't overtake the US" Foreign Affairs

Suggested Charter for an International Trade Organization of the UN (1946.9) Department of State

Thomas Crampton (2001.12.18) "As China Rises, Some Ask : Will it stumble?" International Herald Tribune

The State Council Information office of the People's Republic of China "China and the World Trade Organization" Foreign language Press (2018)

T K Bhaumik (2001.12.14) "New China on the horizon" The Economic Times

T. N. Srinivasan (1996) "Regionalism and the WTO : Is Nondiscrimination Passe?" Research in Agricultural & Applied Economics

"Trade Agreements" (PDF) Office of the United States Trade Representative. Retrieved 19 October 2013.

UNCTAD (2016) "Exploring new trade frontier : The Political Economy of the TPP"

Wang Xinkui (2016) "Integration into Economic Globalization : Looking Back and Looking Ahead on the fifteenth Anniversary of China's Accession to the WTO" Journal of WTO and China, Vol 6 No.4

William A. Kerr (2001.11.1.) "Taming the Dragon : The WTO after the Accession of China" The Estey Centre Journal of International Law and Trade Policy

WTO annual reports

Xinquan TU (2016.6.3.), "Defining the 21st century governance — Impact of TPP on global trade governance"

Yuan Yuan (2015.6.2.) "Looking Back 14 years after accession : Case of China," Third China Round Table on WTO accession

Yuefen Li (2002.11), "China's accession to WTO : exaggerated fears?" Discussion paper of UN conference on Trade and Development

Zhao Hong (2016), "China's accession to the WTO and its rule of law," Journal of WTO and China vol.6, No.1, 2016

유지영 "국가안보 위험 논란에 따른 미국의 1962년 무역확장법 232조
　　수입조치에 대한 통상법적 쟁점" 통상법률 138호 (2017.12)

트럼프 시대, WTO에 던지는 5가지 질문

초판발행	2019년 5월 25일
중판발행	2020년 2월 20일
지은이	박정욱
펴낸이	안종만·안상준
편 집	전채린
기획/마케팅	박세기
표지디자인	조아라
제 작	우인도·고철민
펴낸곳	(주) **박영사**
	서울특별시 종로구 새문안로3길 36, 1601
	등록 1959. 3. 11. 제300-1959-1호(倫)
전 화	02)733-6771
f a x	02)736-4818
e-mail	pys@pybook.co.kr
homepage	www.pybook.co.kr
ISBN	979-11-303-0685-8 03320

* 잘못된 책은 바꿔드립니다. 본서의 무단복제행위를 금합니다.
* 저자와 협의하여 인지첩부를 생략합니다.

정 가   14,000원